Heini Giezendanner

Thurgauer Wanderbuch

50 Routenbeschreibungen mit kulturellen Hinweisen, Höhenprofilen und Bildern.

Ausgewählt und gestaltet in Zusammenarbeit mit dem Verein Thurgauer Wanderwege.

Huber Verlag, Frauenfeld

Umschlag: Kloster Fischingen
Foto Seite 115 : Dieter Füllemann
übrige Fotos vom Verfasser
Landeskarten reproduziert mit Bewilligung des Bundesamtes für Landestopographie vom 20.12.96

Die Deutsche Bibliothek – CIP-Einheitsaufnahme

Giezendanner, Heini:
Thurgauer Wanderbuch/Heini Giezendanner. – Frauenfeld:
Huber, 1994
ISBN 3–7193–1087–6

2. Auflage
ISBN 3–7193–1087–6

Gestaltung: Arthur Miserez
Herstellung: Huber & Co. AG, Grafische Unternehmung und Verlag, CH-8501 Frauenfeld
Printed in Switzerland

Inhaltsverzeichnis

Die Thur bei Bischofszell

Vorwort

Das Thurgauer Wanderbuch liegt in einer aktualisierten Neuauflage und mit einem neuen Titelbild vor. Zwei Wanderungen der Auflage 1994 wurden ersetzt durch solche, die vom Verein Thurgauer Wanderwege in den Jahren 1994 (Wanderung Nummer 21) und 1996 (Wanderung Nummer 34) neu geplant und markiert wurden.

Damit wird die Serie der Thurgauer Wanderbücher fortgesetzt:
1889: Wanderungen durch den Thurgau (J. H. Thalmann); 1938/39: Thurgauer Wanderbuch in 2 Bänden (Heinrich Hürlimann); 1964: Thurgauer Wanderbuch (Alfred Etter); 1984: Auf Thurgauer Wanderwegen (herausgegeben von der Thurgauer Kantonalbank); 1994: Thurgauer Wanderbuch (Heini Giezendanner).

Die Reihe belegt deutlich, dass der Kanton schon früh als beliebtes und ideales Wandergebiet erkannt worden ist, das vor allem in den Übergangszeiten Frühling und Herbst viele Wanderer anzulocken vermag.

Das Buch möchte doppelte Hilfe sein:

- **Bei der Planung** einer Wanderung dient es mit den Angaben über Wanderzeiten, Steigungen, Wegcharakter usw. der richtigen Wahl der Route.
- **Unterwegs** orientieren die entsprechenden Abschnitte über die kulturellen Zusammenhänge, die geschichtlichen Daten und über weitere bemerkenswerte Objekte.

In Verbindung mir der Thurgauer Wanderkarte, ebenfalls im Huber Verlag Frauenfeld erschienen, sind der genaue Wegverlauf, der Anteil an Hartbelag und die möglichen Varianten und Kombinationsmöglichkeiten erkennbar.

Heini Giezendanner

Riegelhaus in Wald am Ottenberg

Présentation du DVD

Le DVD qui accompagne ce livre est avant tout un outil pédagogique. Quoi de plus parlant, en effet, qu'une image pour comprendre un geste ?

Vous y trouverez une partie entraînement reprenant les principales techniques de base décrites dans le livre, et une partie massage avec différentes séquences adaptées à vos besoins et au temps dont vous disposez. Enfin, le chapitre « Pas à pas » vous permettra de naviguer d'une zone à l'autre et d'en approfondir l'apprentissage.

Comme dans le livre, nous avons inséré aux moments clés des pictogrammes de façon que vous puissiez suivre visuellement les indications de pression, d'amplitude et de vitesse de chaque technique.

AMPLITUDE

PRESSION DES MAINS

VITESSE

Ne perdez pas de vue que c'est à vous de diriger votre massage et que les images ne sont là que pour vous orienter et stimuler votre imagination.

Die Markierung der Wanderrouten

Die Wanderrouten in der Schweiz und im Fürstentum Liechtenstein sind nach einheitlichen Grundsätzen markiert. Im Kanton Thurgau sind mit Ausnahme des Schwabenweges alle Routen mit **gelben** Markierungen gekennzeichnet.
Der **Schwabenweg** ist mit weiss/blauen Wegweisern und Richtungszeigern markiert.

Marschzeiten:

Die auf den Wegweisern und im Wanderbuch angegebenen Zeiten basieren auf einer durchschnittlichen Leistung von 4,2 km in der Stunde auf flachem, gut begehbarem Gelände. Abweichungen bei Steigungen, Gefälle oder schwierigem Gelände sind mitberücksichtigt.
Es sind **keine Rastzeiten** eingerechnet.

Die Elemente der Markierung:

Wegweiser

Richtungszeiger

Rhombus

Legende für die Höhendiagramme

Dorf, Stadt
Schloss, Burg
L Ruine
Kloster
Wald
☆ schöne Aussicht

Die Europäischen Fernwanderwege im Thurgau

E1 **Flensburg – Genova**
Kreuzlingen – Weinfelden – Bettwiesen

E4 **Pyrenäen – Jura – Neusiedler See**
Stammheim – Stein a/Rh. – Kreuzlingen – Arbon

E5 **Bodensee – Adria**
Kreuzlingen – Romanshorn – Arbon

Der Verein Thurgauer Wanderwege

Seit 1985 besteht der Verein Thurgauer Wanderwege, der damals die Aufgabe der Markierung im Kanton von der Wanderwegkommission übernommen hat. Jährlich werden einige Hundert neue Wegweiser, Richtungszeiger und Rhomben angebracht, um die Wege auch für kartenunkundige Wanderer begehbar zu machen. Eine ständige Verbesserung des Wegnetzes durch Verlegung von asphaltierten Wegstrecken auf neue, möglichst nicht mit Hartbelag versehene Abschnitte ist Daueraufgabe des Vereins.

Fast 1000 km Wege sind im Thurgau markiert, und über 130 Routen sind ab den Stationen des öffentlichen Verkehrs mit den gelben Wegweisern gekennzeichnet.

An den Ausgangsbahnhöfen wurden durch den Verein Orientierungstafeln mit Karten der näheren Umgebung und der Angabe der markierten Routen angebracht.

Geführte Wanderungen

Vom Frühling bis zum Herbst wird etwa alle 14 Tage eine geführte Wanderung angeboten, an der alle Interessierten ohne Voranmeldung teilnehmen können. Der grösste Teil dieser Wanderungen findet im eigenen Kanton statt, doch werden auch einzelne Routen in anderen Gegenden berücksichtigt. Die sorgfältig ausgewählten und beschriebenen Wanderungen können auch als Anregung für eigene Aktivitäten dienen.

Mitgliedschaft

Selbstverständlich ist der Verein für die Erfüllung dieser Aufgaben auf eine möglichst grosse Zahl von Mitgliedern angewiesen. Diese Mitgliedschaft ermöglicht es, die grosse Aufgabe der Markierung zu unterstützen und die laufenden Informationen über die geführten Wanderungen zu erhalten. Im bescheidenen Mitgliederbeitrag ist auch das Abonnement der monatlich erscheinenden Zeitschrift «Wander-Revue» enthalten, die viele Wandervorschläge aus der ganzen Schweiz in ansprechender Art vermittelt.

Unterlagen für den Beitritt sind erhältlich beim

Verein Thurgauer Wanderwege
Sandackerstrasse 14
8580 **Amriswil**

Benützte Literatur

Brücken und Fähren im Thurgau	TKB
Burgen der Schweiz, Bd. 6 (Schneider)	Silva-Verlag
Chronik des Kantons Thurgau	Winkelried-Verlag
Der Thurgau – unsere Heimat	Lehrmittelverlag TG
Die alten Mühlen im Thurgau (Nater)	Sonderegger
Die Thurgauer Gemeinden und ihre Wappen	Verlag Ketty & Alexandre
Geschichte des Thurgaus (Herdi)	Huber Verlag
Geschichte des Thurgaus (Pupikofer)	Huber Verlag
Geschichte von Amriswil (Leisi)	Huber Verlag
Hauptwil und seine Weiher	Geogr. Institut ETH Zürich
Kunstführer durch die Schweiz	Büchler-Verlag
Naturmonographie Hudelmoos, Bd. 51	TG Naturforschende Gesellschaft
Pilgerkompass	Wiese Verlag
Römerwege	Benteli Verlag
Schwabenweg Konstanz–Einsiedeln (Mathis)	Thur Druck
Schweizer Rebbau – Schweizer Wein	Ex Libris
Thurgauer Bräuche	TKB
Unser Thurgau (Schoop)	RR des Kt. Thurgau
Wanderungen in die Urgeschichte (Lüscher)	Ott Verlag

Bücher aus dem Huber Verlag

Hans Baumgartner/Helen Meier	Der Thurgau und seine Menschen 1930–1990
Dieter Berke/Helen Meier/Heidi Steiger	Die Thur – Von der Quelle bis zur Mündung
Dieter Berke/Heinz Ruprecht	Frauenfeld / Fotoband
Dieter Berke/Heinz Ruprecht	Thurgau – Aus dem Flugzeug betrachtet
Elisabeth Bommeli/Rosemarie Brenner/ Barbara Fatzer	Thurgauer Choscht
Fred Gremlich	Frauenfeld / Zeichnungen
Werner Lenzin	Traditionelles Handwerk im Thurgau
Ernst Müller	Der Thurgau in alten Ansichten
Albert Schoop	Geschichte des Kantons Thurgau Band I – Chronologischer Teil Band II – Sachgebiete, Teil 1 Band III – Sachgebiete, Teil 2 inkl. separatem Registerband

Register

Der Kanton Thurgau im Überblick

Was ist das Besondere an einem Kanton, der in mancher Hinsicht als durchschnittlich, unauffällig und gemässigt gilt? Vielleicht ist es diese Ausgeglichenheit in geographischer, klimatischer und bevölkerungsmässiger Hinsicht, die ihm das Gepräge gibt. Und doch ist dieses «Mostindien» etwas Spezielles, und es braucht ein wenig Geduld und Einfühlungsvermögen, in dieser unverwechselbaren Landschaft den oft verborgenen Reiz zu entdecken.

Geographische Angaben

Grösse:		991 km^2
Einwohnerzahl	am 1.12.95	225'812 Einwohner
Grenzlänge gegen	Deutschland (ohne Obersee)	36 km
	Kanton St. Gallen	105 km
	Kanton Schaffhausen	10 km
	Kanton Zürich	84 km
Höhe:	Höchster Punkt: Grat im Hörnligebiet	991,3 m
	Tiefster Punkt: bei Niederneunforn	370 m ü M.

Politische Gliederung

8 Bezirke mit total 77 Gemeinden (1997)

Landschaft

Die Thurgauer Landschaft wurde durch die eiszeitlichen Gletscher gestaltet. Vor allem der Rheingletscher stiess im Quartär bis ins Flachland vor und hobelte den Trog des Bodensees aus. Er liess in den Tälern Geröll und Kies zurück, das teilweise zu Moränen angehäuft wurde und die vielen Hügel bildete.
Die Topographie des Kantons wird bestimmt durch drei Ost-West-Täler: Bodensee-Untersee-Rhein, Aach- und Thurtal und Lauchetal. Sie werden getrennt durch die markanten Längserhebungen Seerücken/Ottenberg und Wellenberg/Imenberg. Quer dazu hat sich die im Hügelland des Hinterthurgaus entspringende Murg durch die Ketten einen Weg gesucht. Die Moränenlandschaft des Hinterthurgaus weist charakteristische Gletscher- und Urstromtäler auf, deren grosse Kiesablagerungen die einzigen Bodenschätze des Kantons bilden.

Landwirtschaftliche Nutzung

Die Fläche des Kantons Thurgau wird grösstenteils landwirtschaftlich bewirtschaftet. Die Anteile nach ihrer Nutzung:

Wiesen, Weiden, Äcker	54,8 %
Wald	21,6 %
Seen, Flüsse, Ödland	14,0 %
Überbaute Flächen, Verkehrsanlagen	9,6 %

Bevölkerung

J.A. Pupikofer charakterisiert die Bewohner des Kantons im Jahr 1837 so:

> «Dass der Thurgauer arbeitsam, auf Erwerb begierig, gewandt in der Benutzung der ihm zu Gebote stehenden Hülfsmittel, klug berechnend im Verkehre, für Verbesserung in seinem Gewerbe, für die Freuden des Lebens und für Reinlichkeit und Ordnung empfänglich sey, lässt der erste Blick in die Dörfer und auf die Fluren vermuthen, und nähere Bekanntschaft bestätigt diesen ersten Eindruck....»

Heute entspricht die Mehrheit der Thurgauer nicht mehr diesem Bild. Zu gross ist die Bevölkerungsbewegung und -vermischung geworden!

Beschäftigung

Aus dem traditionellen Landwirtschaftsgebiet wurde im letzten Jahrhundert ein vorwiegend industriell ausgerichteter Kanton. Vor allem die Textilindustrie fand (teilweise durch Einwanderer aus Deutschland gegründet) grosse Verbreitung, doch sind auch metallverarbeitende Betriebe wie die Firmen Saurer in Arbon und Bernina in Steckborn zu Grossbetrieben geworden. Nach der Krise der Stickerei in den Dreissiger Jahren musste die Textilindustrie auch in den letzten Jahrzehnten grosse Rückschläge in Kauf nehmen.
Die Anteile der drei Wirtschaftssektoren betrugen im Jahr 1991:

Landwirtschaft	11,9 %
Industrie	43,6 %
Dienstleistungen	44,5 %

In neuester Zeit hat im Thurgau der Bereich Tourismus dadurch an Bedeutung gewonnen, dass eine ganze Reihe von Schulungs- und Tagungszentren in ehemaligen Klöstern und Schlössern entstanden sind.

Geschichte

Spuren einer Besiedlung gibt es im Kanton Thurgau seit der Jungsteinzeit. Die *Pfyner Kultur* dauerte von 4000 bis 1800 v. Chr. Zu dieser Zeit waren das Thurtal und die Ufer von Bodensee und Untersee bewohnt, wie viele Funde von Steinbeilen, Pfeilspitzen und anderem Gerät bezeugen. Um 1800 v. Chr. löste die *Horgener Kultur* die vorhergehende ab. Deren besondere Keramik wurde auf der Insel Werd im Untersee gefunden.
Eine dichtere Besiedlung ist seit der **Broncezeit,** etwa von 1800 bis 800 v. Chr., nachgewiesen. In Arbon und auf der Insel Werd konnten Funde aus dieser Zeit gemacht werden.
In der **Hallstattzeit** wurde um 800 v. Chr. das Eisen bekannt. Aus dieser Epoche kennt man Funde aus Kreuzlingen, vom Ottenberg und vom Untersee.
Der Auszug der Helvetier im Jahr 58 v. Chr. führte im westlichen Thurgau zur Zerstörung der Häuser, die nach der Niederlage gegen Cäsar bei Bibrakte wieder aufgebaut werden mussten.

Zur **Römerzeit** standen die Bewohner erstmals unter dem Einfluss einer fremden Macht. Pfyn, Eschenz und Arbon wurden zu römischen Kastellen ausgebaut, die durch gepflästerte Strassen miteinander verbunden waren. Trotz des Baus von Wachttürmen an der Grenze fielen die Germanen immer häufiger in die Gebiete südlich des Rhein ein und zerstörten die unbefestigten Plätze. In diesen Notzeiten breitete sich erstmals das Christentum aus.

Der Rückzug der Römer nach 450 machte den **Alemannen** den Weg über den Rhein frei. Sie drangen in das Gebiet des Thurgaus ein und verbreiteten hier ihre nichtchristliche Kultur, ihre Sprache und ihre Lebensweise. Ackerbau und Viehzucht spielten eine wichtige Rolle, und ihre Höfe auf frisch gerodeten Waldstücken wurden die Ursprünge der heutigen Dörfer. Dorfnamen mit den Endungen -ingen, -wilen, -hofen und -hausen gehen auf alemannische Bauernhöfe zurück.

Mit dem Einzug von Kolumban, Gallus und anderen irischen Missionaren im Jahr 610 lebte das Christentum wieder auf. Gleichzeitig wurden die Adelsherrschaften von Franken her über den Bodensee ausgedehnt, und der Grossgrundbesitz wurde mit der Gründung von Klöstern als Stützpunkten abgesichert. Der Thurgau wurde zum königlichen Lehen, und Kyburger und Habsburger liessen es durch Vögte verwalten.

Im **Mittelalter** wurden viele neue Burgen errichtet, deren Besitzer das Land schützten, andererseits aber auch ausbeuteten. Orte mit Stadtrecht wie Diessenhofen, Frauenfeld, Arbon, Bischofszell entstanden, und zeitweise waren auch Gottlieben, Bürglen, Steckborn, Pfyn und Tannegg mit Marktrechten versehen. Die Zahl der Klöster vergrösserte sich rasch. Mit dem Niedergang des Hauses Habsburg wuchs der Einfluss der Eidgenossenschaft.

Im alten Zürichkrieg verwüsteten ihre Truppen einen Teil des Thurgaus. Schliesslich wurde nach zahlreichen Übergriffen, Freischarenzügen und Einzelaktionen im Jahr 1460 der Thurgau an die Eidgenossenschaft angegliedert und eine Landvogtei der sieben Alten Orte errichtet.

Grosse Wirren verursachte auch im Thurgau die Reformation. Klosterstürme, so etwa 1524 auf Ittingen, und Angriffe auf Kirchen wechselten ab mit Gegenmassnahmen, die schliesslich vielerorts zur Entstehung paritätischer Verhältnisse führten. Im Dreissigjährigen Krieg, 1618–1648, waren es vor allem die Unterseegegend und Kreuzlingen, die in Kriegswirren hineingezogen wurden. Bis 1700 wurden immer wieder religiöse Streitigkeiten ausgetragen. Pestzüge und Hungersnöte brachten grosse Not. So wurde 1611 die Hälfte der Bevölkerung, etwa 33'000 Personen, Opfer dieser Seuche.

1713 bis 1797 war Frauenfeld Versammlungsort der Tagsatzung, welche die Rechnungen der gemeinen Herrschaften zu prüfen hatte.

Unter dem Druck der anrückenden Franzosen wurde am 2. März 1798 der Thurgau aus der Herrschaft der Alten Orte entlassen und eine Freiheitsurkunde erstellt. 2000 Thurgauer machten sich auf, die Eidgenossenschaft gegen die Franzosen zu verteidigen. In Islikon erfuhren die Truppen vom Fall Berns, weshalb sie umkehrten und sich auflösten.
Als Teil der Helvetischen Republik nahm der Thurgau die neue Verfassung an. Damit waren alle Vorrechte, Binnenzölle und Weggelder abgeschafft. Frauenfeld wurde zur Hauptstadt bestimmt.

Da die Franzosen aber als Besatzungstruppen im Land blieben, bestimmten sie, was passierte. Die Bevölkerung litt unter Einquartierungen und Requisitionen. Die **Mediationsakte** von 1803 machte den Thurgau zum gleichberechtigen Kanton der Schweiz. Kleiner und Grosser Rat wurden eingeführt und die Gerichtsorganisation neu geregelt. Wegen der Verarmung des Volkes durch den Krieg litt der Staat aber unter Geldmangel. Deshalb konnte er viele Aufgaben nicht erfüllen. Die **Restaurationszeit** bis 1830 blieb schwierig.

Schliesslich war es 1830 der Weinfelder Pfarrer Thomas Bornhauser, der die Thurgauer zu vermehrtem Selbstbewusstsein und zur Umgestaltung der Verfassung aufrief. In einer ersten Volksabstimmung wurde die neue **Regenerationsverfassung** angenommen, die 1848 und 1874 an die neue Bundesverfassung angepasst wurde. Für Masse, Geld, Post und Zoll lösten gesamtschweizerische Lösungen die kantonalen ab.

Mit der Inbetriebnahme der Eisenbahnlinien ab 1855 wurde es möglich, fehlende Nahrungsmittel einzuführen und damit die Hungersnöte erfolgreich zu bekämpfen. Schulen und Spitäler wurden errichtet, die Wirtschaft nahm einen gewaltigen Aufschwung.
Im 20. Jahrhundert konnten die beiden Weltkriege und die Krise der Dreissiger Jahre eine weitere stürmische Entwicklung nicht verhindern.

Verkehr

Das Gebiet des Kantons Thurgau ist verkehrstechnisch sehr gut erschlossen. Dies erlaubt dem Wanderer, für seine Touren die öffentlichen Verkehrsmittel zu benützen. Deshalb beginnen und enden alle in diesem Buch beschriebenen Routen an Stationen oder Haltestellen von Bahn, Bus oder Schiff.

Für die Benützung steht neben den üblichen Fahrausweisen auch die **Thurgauer Tageskarte** zur Verfügung, die freie Fahrt auf allen Strecken des Kantonsgebietes und der angrenzenden Gebiete erlaubt.

Eisenbahnen

SBB-Linien:	Zürich – Winterthur – Romanshorn
	Zürich – Winterthur – St. Gallen
	Schaffhausen – Kreuzlingen – Rorschach
	Sulgen – Gossau – St. Gallen
	Winterthur – Stein am Rhein
Bodensee-Toggenburg-Bahn:	Romanshorn – St. Gallen – Rapperswil
Mittel-Thurgau-Bahn:	Kreuzlingen – Weinfelden – Wil
Frauenfeld-Wil-Bahn:	Frauenfeld – Wil

Postauto- und Buslinien

Ein dichtes Netz von Postauto- und Buslinien ergänzt das Verkehrsangebot (siehe Linienplan Seite 13).

Schiffahrt

Zwischen Romanshorn und Friedrichshafen verkehrt auf dem **Bodensee** ganzjährig eine Autofähre.
Alle übrigen Schiffslinien werden im Sommerhalbjahr betrieben:
- Rorschach – Romanshorn – Kreuzlingen (ohne Anlegestellen zwischen Romanshorn und Kreuzlingen)
- Arbon – Rorschach und Rorschach – Altenrhein: Kursfahrten mit Motorbooten
- Regelmässige Kurse auf **Untersee und Rhein** zwischen Kreuzlingen und Schaffhausen
- Private Fähren bei Paradies über den **Rhein,** von Steckborn nach Gaienhofen auf der Halbinsel **Höri** und bei **Gertau** über die **Sitter**.

Geltungsbereich der Thurgauer Tageskarte

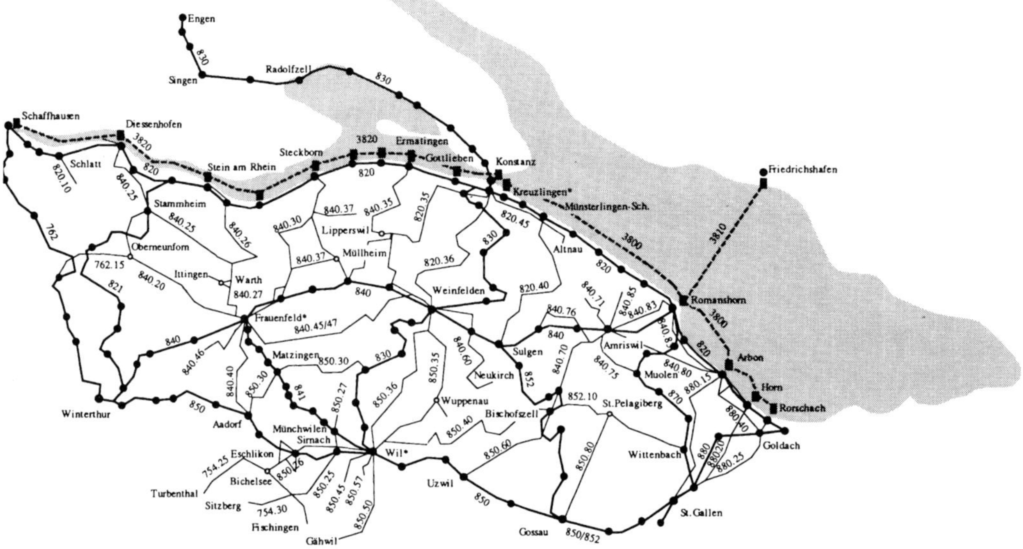

—●— Bahnlinie und Station

—○— Buslinie

--■-- Schiffslinie

* Die Thurgauer Tageskarte ist auch gültig:
- auf dem Stadtbusnetz in Frauenfeld, Wil und Kreuzlingen
- auf der Konstanzer Stadtbus-Linie 8: Konstanz Bahnhof–Kreuzlingen Seepark
- im «PubliCar» Frauenfeld-West

Die Thurgauer Tageskarte ist **nicht gültig** auf dem Busnetz der städtischen Verkehrsbetriebe St.Gallen, Schaffhausen und Winterthur.

Kaisermantel

Routenverzeichnis

Bodensee und Rhein

Oberthurgau

Mittelthurgau

Unterthurgau

Hinterthurgau

Schwabenweg

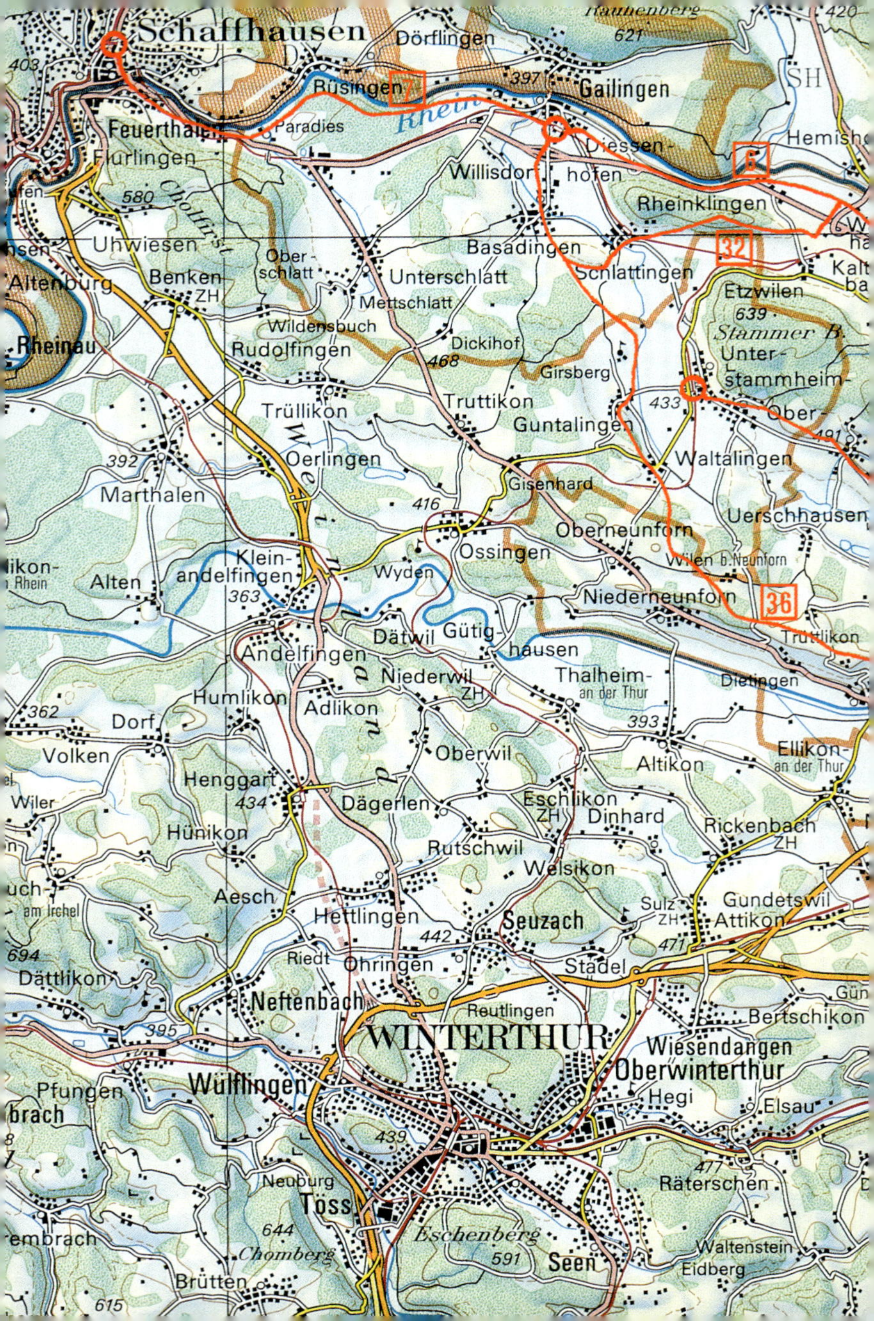
Schaffhausen
Dörflingen
621
420
SH
403
Büsingen
7
397
Gailingen
Rhein
Feuerthalen
Paradies
Diessenhofen
Hemishofen
Flurlingen
Willisdorf
6
580
Rheinklingen
Uhwiesen
Basadingen
32
Ober-schlatt
Unterschlatt
Schlattingen
Altenburg
Benken ZH
Mettschlatt
Etzwilen
639
Wildensbuch
Stammer B.
Rheinau
Rudolfingen
Dickihof
468
Unter-stammheim
Girsberg
Trüllikon
Truttikon
433
Ober-
Guntalingen
491
392
Oerlingen
Waltalingen
Marthalen
Gisenhard
416
Uerschhausen
Oberneunforn
Ossingen
Klein-andelfingen
Wyden
Wilen b. Neunforn
Alten
363
Niederneunforn
36
Dätwil
Gütighausen
Trüttlikon
Andelfingen
Niederwil ZH
Thalheim an der Thur
Dietingen
Humlikon
Adlikon
362
Dorf
393
Oberwil
Ellikon an der Thur
Volken
Altikon
Henggart
434
Wiler
Dägerlen
Eschlikon ZH
Dinhard
Rickenbach ZH
Hünikon
Rutschwil
Welsikon
am Irchel
Aesch
Gundetswil
Hettlingen
Seuzach
Sulz ZH
Attikon
694
442
471
Riedt
Ohringen
Stadel
Dättlikon
Neftenbach
Reutlingen
Bertschikon
395
WINTERTHUR
Wiesendangen
Oberwinterthur
Pfungen
Wülflingen
Hegi
Elsau
439
477
Neuburg
Räterschen
Töss
644
Eschenberg
Waltenstein
Chomberg
591
Seen
Eidberg
Brütten
615

Oberwald
Schienen
708
Schiener Berg
Hemmenhofen
Horn
446
Gaienhofen
Niederzell
Reichenau
396
Untersee
Berlingen
Mannenbach
Arenenberg
349
Stein am Rhein
Öhningen
Wangen
Steckborn
Salenstein
21
Fruthwilen
Eschenz
402
Kattenhorn
5
Glarisegg
Salen
718
Reutenen
Büren TG
Mammern
Gündelhart
555
34
Liebenfels
Bornhausen
Lanzenneunforn
Hörhausen
Homburg
Raperswilen
Hattenhausen
Hörnli
670
33
39
27
Lipperswil
Illhart
444
Steinegg
Wilen
Dettighofen
Hörstetten
20
Herdern
Müllheim
Engwang
37
Pfyn
Märstetten
Weiningen TG
Hasli
Wigoltingen
402
35
418
Felben
Mettendorf
Bonau
Chruzstross
Thur
Warth
Eschikofen
Hüttlingen
Amlikon
Griesenberg
Wellhausen
Harenwilen
25
Bissegg
24
Fimmelsberg
Frauenfeld
702
Lustdorf
Strohwilen
Chirchberg
26
Oberwil TG
Wolfikon TG
537
Oppikon
Thundorf
45
Zezikon
28
Buch bei Märwil
Gerlikon
Imenberg
Wetzikon TG
489
Häuslenen
Stettfurt
707
Weingarten
Kalthäusern
Affeltrangen
43
Schneit
Hagenbuch
447
Matzingen
Lommis
Murg
31
49
22
Tobel
Aawangen
671
Anetswil
Tägerschen
Wängi
Braunau
Bettwiesen
Wittenwil
Aadorf
Elgg
Tuttwil
Rosental
St.Margarethen TG
Guntershausen
44
Münchwilen TG
512
Bronschhofen
Rossrüti
599
Ettenhausen
Krillberg
Ifwil
Eschlikon
Wil

Gottlieben
Petershausen
KONSTANZ
Kreuzlingen
Triboltingen
Fruthwilen
Tägerwilen
Bottighofen
Büren TG
Hersighausen
Waldi
Münsterlingen
Hattenhausen
Scherzingen
Sonterswil
Neuwilen
Lengwil
Dettighofen
Dippishausen
Landschlacht
Lippoldswilen
Oftershausen
Oberhofen b. K.
Schönenbaumgarten
Ellighausen
Siegershausen
Wagerswil
Alterswilen
Altishausen
Zuben
Altenklingen
Illighausen
Herrenhof
Märstetten
Dotnacht
Hugelshofen
Graltshausen
Langrickenbach
Ottoberg
Ottenberg
Birwinken
Klarsreuti
Chrüzstrass
Boltshausen
Berg TG
Andhausen
Weerswilen
Mattwil
Happerswil
Buch
Mauren
Guntershausen
Heimenhofen
Andwil TG
Kümmertshausen
Bussnang
Opfershofen TG
Leimbach
Engishofen
Weinfelden
Rothenhausen
Bürglen TG
Ennetaach
Erlen
Oberbussnang
Donzhausen
Istighofen
Hessenreuti
Riedt
Biessenhofen
Oppikon
Reuti
Sulgen
Götighofen
Buchackern
Schocherswil
Friltschen
Moos
Märwil
Mettlen
Buhwil
Kradolf
Lanterswil
Heldswil
Schönholzerswilen
Schönenberg an der Thur
Zihlschlacht
Hohentannen
Sitterdorf
Braunau
Hagenwil
Neukirch an der Thur
Schweizersholz
Halden
Wuppenau
Heiligkreuz
Sittertal
Hosenruck
Zuckenriet
Bischofszell
Rossrüti
Zuzwil SG
Niederhelfenschwil
Wil SG
Lenggenwil
Weieren
Züberwangen
Niederbüren
Henau
Oberbüren
Mutwil
Algetshausen
Niederuzwil
Niederwil
Arnegg
Schwarzenbach SG
Vogels B.
403
413
589
547
569
522
541
418
681
432
462
486
527
772
574
506
486
502
702
21
23
20
27
47
15
16
30
17
28
12
18
11
19
22
29

Immenstaad
408
St.
404
FRIEDRICHSHAFEN
B O D E N S
144
396
Eriski
Lang
Kesswil
Uttwil
465
Dozwil
Romanshorn
399
Hefenhofen
Salmsach
Amriswil
Egnach
450
Steinebrunn
Hagenwil
448
Neukirch
Ebnet
Frasnacht
Arbon
Steineloh
Muolen
Hegi
Stachen
398
Steinach
Roggwil TG
Lömmenschwil
Horn
506
Haggenschwil
Ober-
steinach
Berg SG
St.-
Pelagiberg
Tübach
Rorschach
398
545
Freidorf
TG
Edli-
schwil
Hub
605
Bernhardzell
Wittenbach
Goldach
Loch
Waldkirch
Mörschwil
Rorschach
berg
961
Niederwil
Vorderhof
599
Riederen
Kronbühl
Untereggen
Hohfirst
798
Eggersriet
Engelburg
ST. GALLEN
906
Speicher
Rehetobel
1
2
3
8
9
14
16

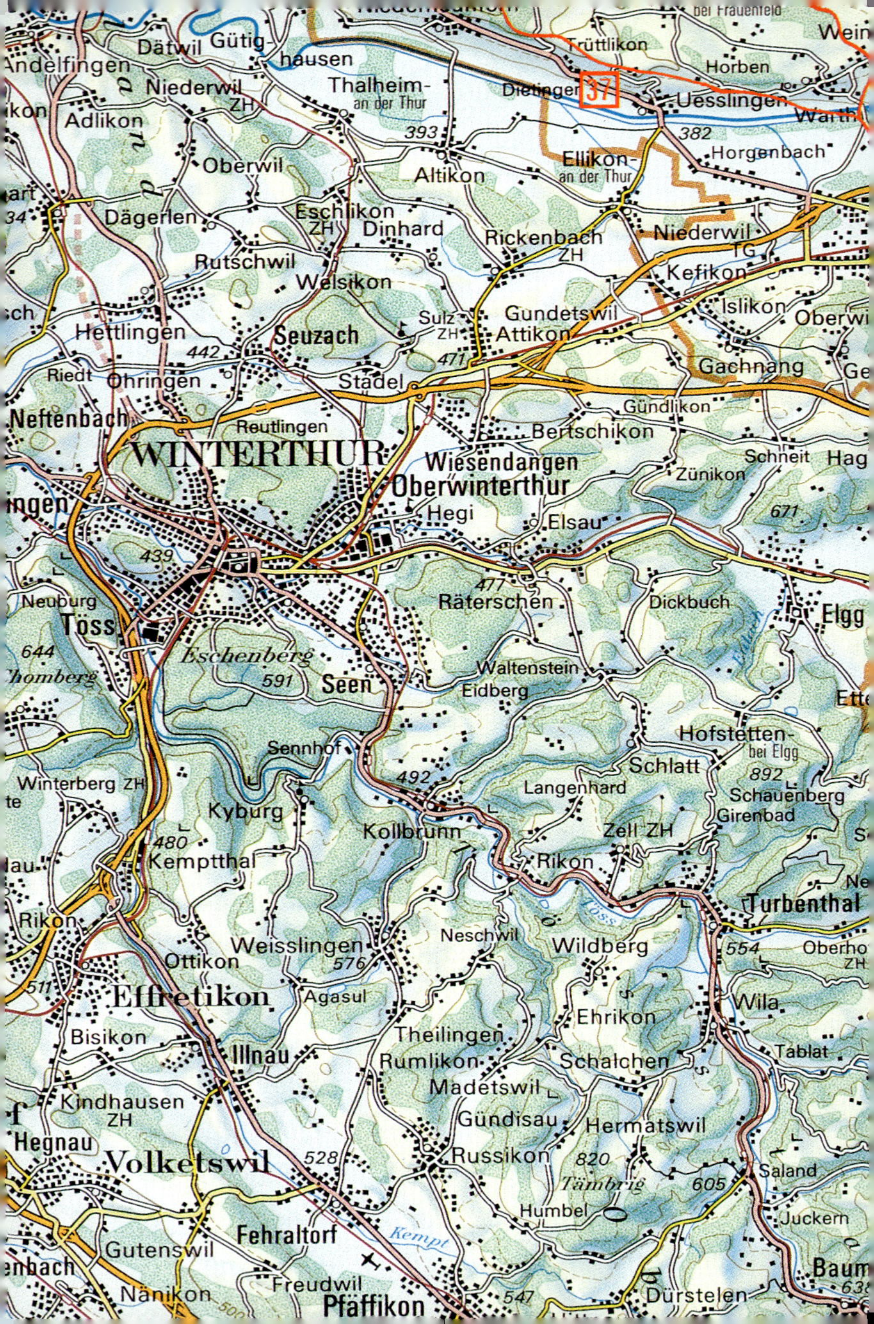

Andelfingen
Dätwil
Gütighausen
Niederwil ZH
Adlikon
Thalheim-an der Thur
Dietingen
37
Trüttlikon
Horben
Uesslingen
393
382
Oberwil
Altikon
Ellikon-an der Thur
Horgenbach
Dägerlen
Eschlikon ZH
Dinhard
Rickenbach ZH
Niederwil TG
Rutschwil
Welsikon
Kefikon
Islikon
Hettlingen
Seuzach
Sulz ZH
Gundetswil
Attikon
Gachnang
442
471
Riedt
Ohringen
Stadel
Neftenbach
Reutlingen
Gündlikon
Bertschikon
WINTERTHUR
Wiesendangen
Oberwinterthur
Schneit
Zünikon
Hegi
Elsau
671
439
477
Neuburg
Töss
Räterschen
Dickbuch
Elgg
644
Eschenberg
591
Seen
Waltenstein
Eidberg
Sennhof
Hofstetten-bei Elgg
Schlatt
892
Winterberg ZH
Kyburg
492
Langenhard
Schauenberg
Girenbad
480
Kemptthal
Kollbrunn
Zell ZH
Rikon
Turbenthal
Töss
Rikon
Weisslingen
Neschwil
Wildberg
554
Ottikon
576
511
Effretikon
Agasul
Wila
Bisikon
Theilingen
Ehrikon
Illnau
Rumlikon
Schalchen
Tablat
Madetswil
Kindhausen ZH
Gündisau
Hermatswil
Hegnau
Russikon
820
Volketswil
528
Tämbrig
605
Saland
Humbel
Juckern
Kempt
Fehraltorf
Gutenswil
Freudwil
Nänikon
Pfäffikon
547
Dürstelen

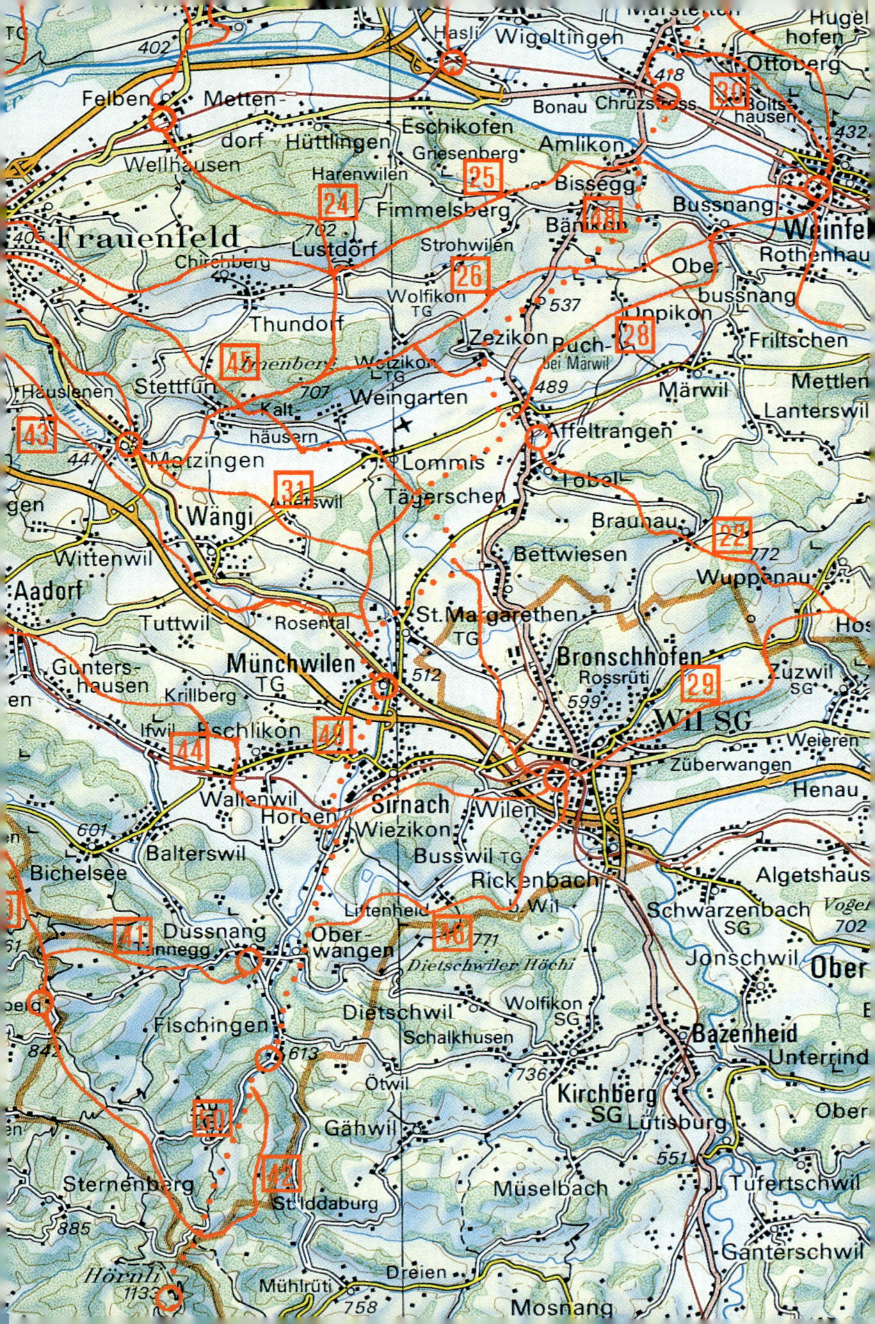

Hasli
Wigoltingen
Hugelhofen
Ottoberg
402
Felben
Metten-dorf
Hüttlingen
Eschikofen
Bonau
Chrüzstross
418
30
Boltshausen
432
Wellhausen
Griesenberg
Amlikon
Harenwilen
25
Bissegg
24
Fimmelsberg
Bänikon
48
Bussnang
Weinfel
Frauenfeld
702
Lustdorf
Strohwilen
Rothenhau
Chirchberg
26
Ober-bussnang
Wolfikon TG
537
Thundorf
Unpikon
28
Zezikon
Buch-bei Märwil
Friltschen
45
Wetzikon TG
489
Märwil
Mettlen
Häuslenen
Stettfurt
707
Weingarten
Kalt-häusern
Lanterswil
Murg
43
447
Matzingen
Lommis
Affeltrangen
Tobel
31
Wängi
Tägerschen
Braunau
22
Wittenwil
Bettwiesen
772
Wuppenau
Aadorf
Tuttwil
Rosental
St. Margarethen TG
Hos
Gunters-hausen
Münchwilen TG
512
Bronschhofen
Rossrüti
Zuzwil SG
29
Krillberg
599
Wil SG
Weieren
Ifwil
Eschlikon
49
44
Züberwangen
Henau
Wallenwil
Horben
Sirnach
Wilen
601
Wiezikon
Balterswil
Busswil TG
Bichelsee
Rickenbach
Algetshaus
Littenheid
Wil
Schwarzenbach SG
Vogel
702
41
Dussnang
46
771
Ober-wangen
Jonschwil
Ober
Dietschwiler Höchi
Dietschwil
Wolfikon SG
Fischingen
Schalkhusen
Bazenheid
Unterrind
613
736
84
Ötwil
Kirchberg SG
Lütisburg
Ober
50
Gähwil
42
551
Sternenberg
St. Iddaburg
Müselbach
Tufertschwil
885
Ganterschwil
Hörnli
1133
Mühlrüti
Dreien
758
Mosnang

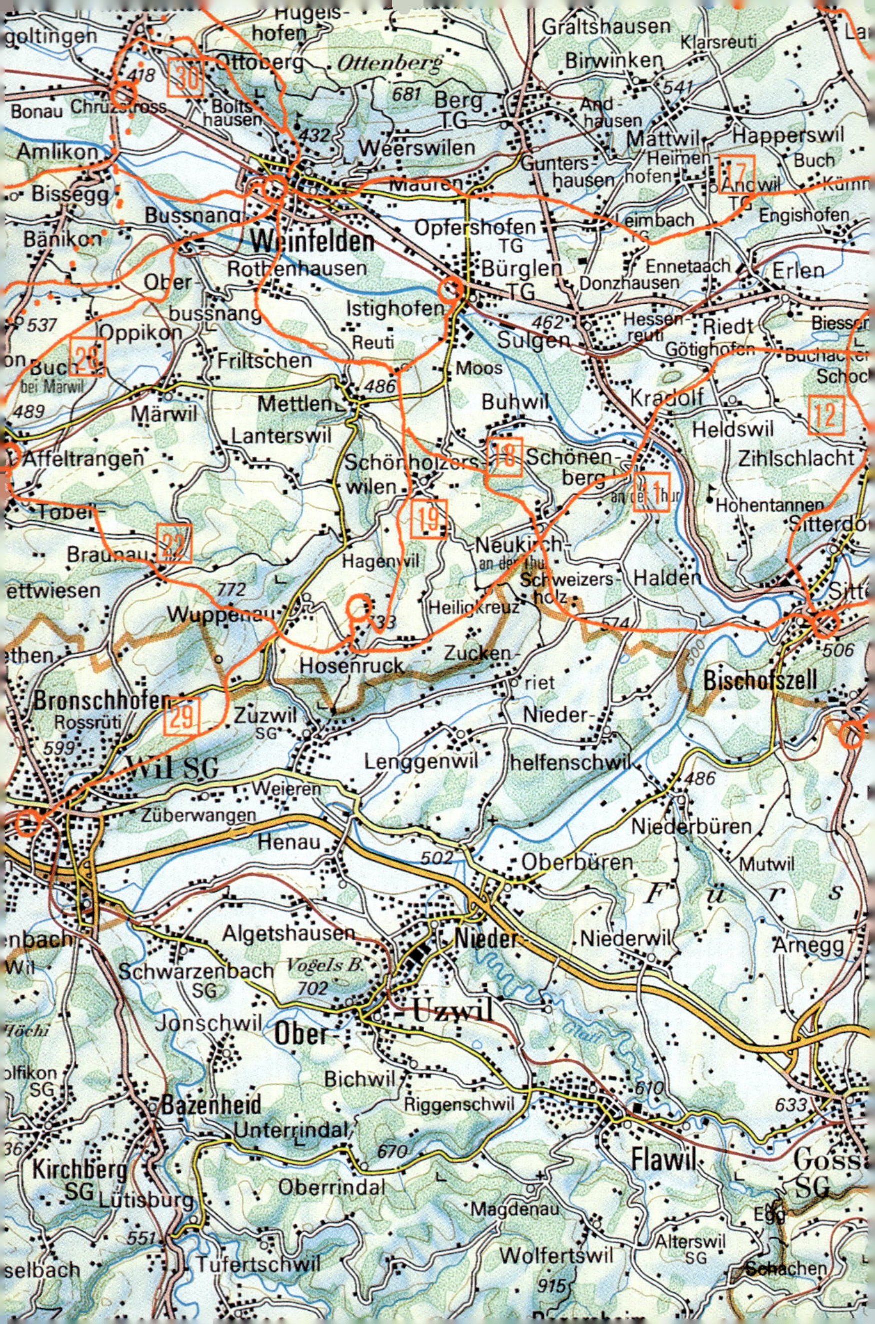
Hugelshofen
Ottoberg
Ottenberg
Graltshausen
Klarsreuti
Birwinken
Bonau
Chrüzstross
Boltshausen
Berg TG
Andhausen
Mattwil
Happerswil
Amlikon
Weerswilen
Guntershausen
Heimenhofen
Buch
Andwil TG
Bissegg
Mauren
Bussnang
Weinfelden
Opfershofen
Leimbach
Engishofen
Bänikon
Bürglen TG
Rothenhausen
Ennetaach
Erlen
Oberbussnang
Istighofen
Donzhausen
Hessenreuti
Riedt
Oppikon
Reuti
Sulgen
Götighofen
Buch bei Märwil
Friltschen
Moos
Kradolf
Märwil
Mettlen
Buhwil
Heldswil
Lanterswil
Affeltrangen
Schönholzerswilen
Schönenberg an der Thur
Zihlschlacht
Hohentannen
Tobel
Braunau
Neukirch an der Thur
Hagenwil
Schweizersholz
Halden
Heiligkreuz
Wuppenau
Hosenruck
Zuckenriet
Bischofszell
Bronschhofen
Rossrüti
Zuzwil SG
Niederhelfenschwil
Lenggenwil
Wil SG
Weieren
Züberwangen
Niederbüren
Henau
Oberbüren
Mutwil
Algetshausen
Niederuzwil
Niederwil
Arnegg
Schwarzenbach SG
Vogels B.
Jonschwil
Oberuzwil
Bichwil
Bazenheid
Riggenschwil
Unterrindal
Flawil
Gossau SG
Kirchberg SG
Lütisburg
Oberrindal
Magdenau
Egg
Alterswil SG
Tufertschwil
Wolfertswil
Schachen

Uttwil
Romanshorn
399
Dozwil
Sommeri
Hefenhofen
Hatswil
Salmsach
Amriswil
Egnach
450
465
Steinebrunn
Räuchlisberg
Hagenwil
448
Neukirch
Ebnet
Frasnacht
Arbon
Steineloh
Muolen
Rotzenwil
500
Hegi
Stachen
398
Steinach
Roggwil TG
Lömmenschwil
TG
Horn
Sitter
Wilen
506
Häggenschwil
Ober-
steinach
Berg SG
St.-
Pelagiberg
545
Tübach
Freidorf
TG
Edli-
schwil
605
Hub
Bernhardzell
621
Waldkirch
Wittenbach
Steinach
Mörschwil
Goldach
Loch
Niederwil
Vorderhof
Riederen
599
Untereggen
Kronbühl
Eggersriet
Hohfirst
798
Engelburg
Andwil
SG
906
ST GALLEN
Speicher-
schwendi
Rehetobel
St. Josefen
Gaiserwald
956
Abtwil
670
Vögelinsegg
Speicher
Trogen
St. Georgen
1084
Bruggen
Horst
Egg
Winkeln
Niederteufen
833
Wissegg
Buechen
771
Teufen
AR
Eggli
Gäbris
1251
N
S
15
8
2
13
9
14
16
1

Bodensee und Rhein

Untersee mit Berlingen

1. Durch die Exklave Horn

Erstes Teilstück der See- und Rheinuferroute Rorschach – Schaffhausen von total 88 Kilometer Länge. Neuer Fussweg auf der Seeaufschüttung zwischen Horn und Steinach.

Rorschach – Arbon

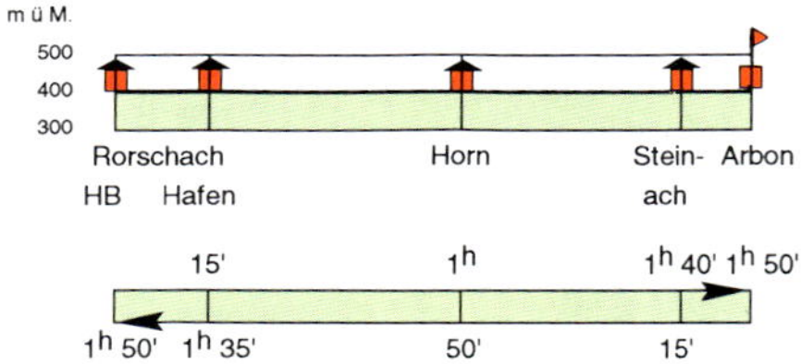

Vom Bahnhof Rorschach geht es auf der Uferpromenade zum Hafenbahnhof und zur Schifflände. Hier fällt das imposante Gebäude des Kornhauses auf, das für die Stadt Rorschach zum Wahrzeichen geworden ist.

Das als Kornspeicher erbaute Haus wurde 1746–48 erstellt. Obwohl es eigentlich ein reiner Zweckbau war, wurde der streng symmetrische Barockbau mit dem mächtigen Walmdach sorgfältig verziert. An den geschweiften Giebeln finden sich Vasen mit metallenen Ähren, und über dem Südportal steht die Jahrzahl 1748. Die grosse Lagerhalle im Erdgeschoss mit Pfeilern und Kreuzgewölben ist nicht zugänglich. Der Ostteil beherbergt das Heimatmuseum, in dem vor allem die Funde aus der Pfahlbauzeit gern besucht werden.

Dem Seeufer folgend, kommt man vorbei an der nostalgischen Badeanstalt und am Springbrunnen. Bei der Einmündung der Goldach endet leider der Seeweg, und für einen Kilometer muss wegen des Verkehrs auf die Westseite der Bahnlinie ausgewichen werden. Jenseits der Goldach betritt man erstmals Thurgauer Gebiet, das man später nochmals verlassen muss, da Horn als Exklave völlig vom übrigen Thurgau getrennt ist.

Ursprünglich war Horn ein Dorf der Schiffsleute, Händler und Leinwandweber. Das Schloss, das an der Hauptstrasse Richtung Rorschach liegt, war in der 2. Hälfte des 16. Jahrhunderts erbaut worden. 1769 wurde es für General von Travers umgebaut, und in diesem Jahrhundert war es lange Wohnsitz des Kunstmalers Theo Glinz.
Bedeutend sind die Industrien geworden: Die Firma Sais war vorher eine Ziegelei, und auf der Seeseite entstand eine Bleicherei und Textilveredlung, die aber inzwischen liquidiert werden musste.

Am Hafen von Horn

Horn besitzt erst seit 1911 eine katholische und seit 1930 eine evangelische Kirche. Vorher wurden die Gottesdienste in Arbon besucht.

Vom Hafen Horn bis zu jenem der St. Galler Gemeinde **Steinach** steht seit 1993 die neue Seeaufschüttung als Wanderweg zur Verfügung, sodass der frühere Umweg ins Landinnere erspart bleibt. Auf dem Damm des Steinacher Hafens wurde ein schöner Picknickplatz erstellt.

Die Kirche Steinach wurde 1742–46 vom bekannten Kirchen- und Brückenbauer Joh. Jak. Grubenmann erstellt. Besonders auffallend ist das Gredhaus am See. Der massige Bau mit einem Walmdach wurde 1473 als Kornhaus der Stadt St. Gallen erbaut und 1557–61 umgestaltet.

Beim Überschreiten des Flüsschens Aach betritt man endgültig Thurgauer Boden und befindet sich in **Arbon.**

Die in den See vorspringende Landzunge war seit der jüngeren Steinzeit dauernd besiedelt, und aus der frühen Broncezeit sind zahlreiche Funde erhalten geblieben. Zu Beginn des 4. Jahrhunderts errichteten die Römer das Kastell «Arbor Felix». Die erhaltenen Fundamente eines Rundturmes bei der katholischen Kirche zeugen davon. Mitte des 13. Jahrhunderts erfolgte die Stadtgründung durch den Konstanzer Bischof. Im 18. Jahrhundert beherrschten Leinwandhandel und Baumwolldruckerei das Gewerbe. Ab 1854 wurde mit der Gründung der Firma Saurer das Schwergewicht auf die Metallverarbeitung verlagert. Die Produktion der bekannten Lastwagen musste 1983 aufgegeben werden .

Karten:	1 : 50 000	Thurgauer Wanderkarte
	1 : 25 000	Blatt 1075 Rorschach

2. Von Hafen zu Hafen

Fortsetzung der Route 1. Hin- oder Rückreise im Sommer sonntags mit dem Schiff möglich. Ganzer Abschnitt Rorschach – Romanshorn ergibt eine Tageswanderung.

Arbon – Romanshorn

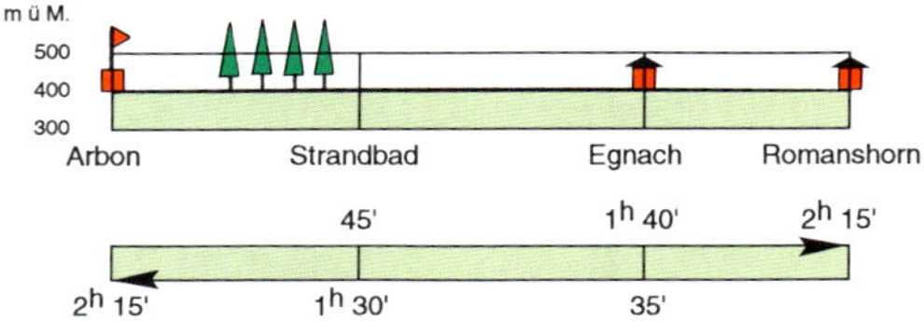

Beim Bahnhof **Arbon** (Seite 29) wird die Seestrasse überquert. Unmittelbar am See befindet sich der Hauptwegweiser. Dem Quai entlang geht es unter Alleebäumen zum Hafen und weiter durch die Parkanlagen zum Schwimmbad und zum Seeparksaal. Der schöne Weg dem Wasser entlang führt an einem gut eingerichteten Picknickplatz vorbei. Bei der Neugestaltung des ganzen Areals wurde am Ende der Halbinsel ein neues Biotop angelegt. Auf dem «Philosophenweg» gelangt man zwischen der Bahnlinie und dem als Seemoosriet bezeichneten Naturschutzgebiet zum Strandbad Arbon. Auch weiterhin verläuft die Wanderung auf teilweise recht schmalem Weg nie ganz am Wasser, da entweder das Land sumpfig ist oder in früherer Zeit mit Wochenendhäusern überbaut wurde. Bei Wiedehorn besteht im Sommer die Möglichkeit, das öffentliche Strandbad zu benützen und sich dort zu verpflegen.
Bis **Egnach** vergrössert sich die Distanz zum See immer etwas mehr, da sich der Weg stets an die Bahnlinie hält.

Egnach, eine aus rund 65 Weilern und Dörfern bestehende Gemeinde, ist Zentrum des Obstbaus. Der Ort Egnach liegt am Wiler Bach und umfasst als wichtigste Betriebe die Verzinkerei und die Obstverwertung.
In einiger Entfernung vom Wanderweg erblickt man zwischen Parkbäumen am See das Zwiebeltürmchen des **Schlösschens Luxburg.** Es wurde gegen Ende des 14. Jahrhunderts erbaut und von Kaiser Friedrich III. mit einem Freibrief versehen. Das spätgotische Giebelhaus weist einen offenen Glockenträger auf. Das barocke Parkgitter ist eine Kopie. Eine Besichtigung der Anlage ist nicht möglich, da sie in Privatbesitz ist.

Über den Wilerbach folgt der Weg weiter in grösserer Entfernung zum See dem Bahntrassee. Das Dorf Salmsach liegt jenseits der Bahn, doch sieht man das schmucke Kirchlein, das aus einem gotischen Kernbau bei vier Umbauten die heutige Form erhalten hat. Von der Aachbrücke bis zur Werft erstreckt sich zwischen See und Weg ein neues Naturschutzgebiet, in welchem nicht nur seltene Pflanzen gedeihen, sondern auch zahlreiche Graureiher ihre Nester in die hohen Bäume gebaut haben. Vorbei an der mächtigen Werfthalle, in welcher die grossen SBB-Schiffe gewartet werden, wird man dem neuen Bootshafen entlang zum Fähresteg und in den Bahnhof **Romanshorn** gewiesen.

Schloss Arbon

779 erstmals erwähnt, blieb Romanshorn lange ein unbedeutendes Fischerdorf, das ganz im Schatten der benachbarten Orte blieb. Erst im Jahr 1841, als der grosse Hafen erstellt wurde, konnte Uttwil als bedeutendster Umschlagplatz von Waren verdrängt werden. Mit dem Bau der Thurtallinie im Jahr 1855 und der Aufnahme des Trajektverkehrs, der von 1869 bis 1976 in Betrieb war, wurde Romanshorn zum Verkehrsknotenpunkt. 1871 kam die Seelinie und 1910 die Bodensee-Toggenburg-Bahn dazu. So wuchs auch das Dorf schnell und wurde wegen der guten Verkehrslage Sitz verschiedener Schulen.
Sehenswert ist die alte Kirche, welche durch verschiedene Um- und Anbauten im 15. und 16. Jahrhundert ihre heutige Gestalt erhielt. Daneben steht das Schloss, welches von 1367 bis 1798 Sitz des Obervogtes war. Dieser veranlasste 1618 einen Neubau, der später erhöht und modernisiert wurde und heute als Hotel dient. Die neuen Kirchen stammen von 1911 und 1913.

Karten:	1 : 50 000	Thurgauer Wanderkarte
	1 : 25 000	Blatt 1055 Romanshorn
		Blatt 1075 Rorschach

3. Am Schwäbischen Meer

Gemütliche Wanderung am Wasser, ohne Steigungen und mit wenig Schatten. Mehrere Bade- und Picknickplätze. Unterbrechungsmöglichkeit an allen Stationen der Seelinie.

Romanshorn – Kreuzlingen

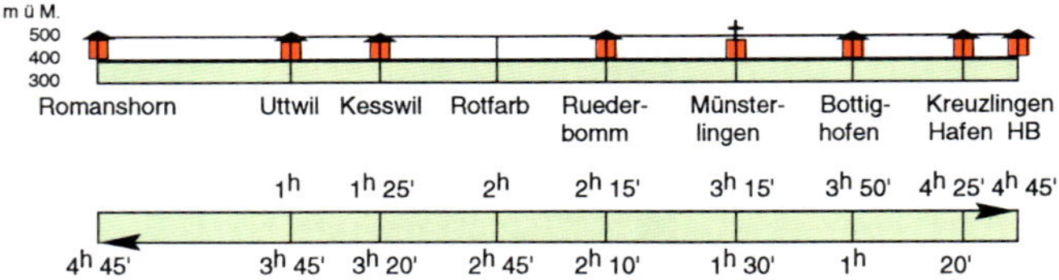

Der Hafen **Romanshorn** (Seite 31) bietet fast immer Abwechslung, sei es durch Schiffe oder Wasservögel, die zu beobachten sind. Die Wanderung führt zuerst dem Quai entlang und durch den schönen Seepark, der um 1930 entstanden ist und heute mit interessanten Findlingen, Ruhebänken und einem Picknickplatz aufwartet. Vom Schwimmbad an verläuft der Weg zwischen der Bahn und den Häusern am See. Von **Uttwil** (Seite 45) an ist dies aber besser: Fast ausnahmslos liegt der Weg unmittelbar am Wasser. Auch das Gelände des Strandbades der Gemeinde Amriswil wird durchquert, bevor man **Kesswil** erreicht.

Im Dorfteil Seedorf und um die Kreuzung an der Hauptstrasse sind eine ganze Reihe schöner Riegelbauten aus dem 18. und 19. Jahrhundert erhalten geblieben, die dem Dorf das Gepräge geben. Die Dorfkirche entstand 1429.

Der nächste Abschnitt an der **Moosburg** vorbei wirkt wegen der Bäume am Ufer wie ein grüner Tunnel. Es ist die einzige Schattenstrecke der Wanderung.

Die heutige Moosburg, eine klassizistische Villa, steht anstelle des ehemaligen Schlosses. Sie wurde 1840 aus dessen Steinen errichtet und ist in Privatbesitz.
Auch das «Schloss», zwischen Wanderweg und See am Dorfbeginn gelegen, ist heute ein Landhaus, welches auf alten Fundamenten errichtet wurde.

Bei der Mündung des Hornbaches liegt das Fabrikareal «Rotfarb», und kurz nach dem Hafen einer privaten Kiesfirma gelangt man zum öffentlichen Badeplatz, der mit einer Feuerstelle versehen ist.
Das Dorf **Güttingen** liegt landeinwärts.

Es weist einige schöne Riegelbauten auf. Die paritätische Kirche wurde 1431 erbaut und 1493 durch den Turm ergänzt, welcher 1834 erhöht wurde.

Dem Seeufer entlang gelangt man nach Ruederbomm, dem am See gelegenen Dorfteil von **Altnau**. Der neue Segelhafen hat dem Dorf zu einem

Hafen Romanshorn

Wassersportzentrum verholfen, obwohl der eigentliche Kern mit den schönen Riegelhäusern eine halbe Stunde landeinwärts liegt. Nach der Durchquerung des zu Landschlacht gehörenden «Seedorfs» erblickt man jenseits von Bahn und Strasse das Spital **Münsterlingen**.

Das ehemalige Benediktinerinnenkloster wurde 1709–13 durch einen Neubau ersetzt und mit einer sehr schönen Barockkirche versehen. Seit 1963 steht hier wieder jene Johannes-Statue, welche jeweils bei einer Seegfrörni über das Eis nach Hagnau oder zurück getragen wird. Seit 1839 ist das ehemalige Kloster Kantonsspital.

Durch das Areal der Psychiatrischen Klinik geht es weiter zum Sportplatz, zur ARA Münsterlingen und nach **Bottighofen**. Das ehemalige Unternehmen Untere Mühle ist aus der alten Mühle hervorgegangen, welche schon im Jahr 1385 sechs Wasserräder in Betrieb hatte. Wieder unmittelbar am Wasser wird beim Schwimmbad «Hörnli» die Stadt **Kreuzlingen** (Seite 49) erreicht, wo der Wanderer bald zur Seeburg gelangt.

Diese wurde 1664 nach der Zerstörung durch die Schweden neu errichtet und später mehrmals umgebaut. Sie diente 1833–50 als erstes Thurgauer Lehrerseminar. Heute sind darin das Didaktische Zentrum des Kantons und ein Restaurant untergebracht. Die zugehörige Scheune beherbergt seit 1993 das Seemuseum.

Durch den Park geht der Weg zum Hafen und weiter zu einem der Bahnhöfe.

Karten:	1 : 50 000	Thurgauer Wanderkarte
	1 : 25 000	Blatt 1034 Kreuzlingen
		Blatt 1054 Weinfelden
		Blatt 1055 Romanshorn

4. Die Reichenau im Blickfeld

Dem Ufer des Seerheins und des Untersees entlang. Ruhige Naturreservate und touristisch erschlossene Dörfer im Wechsel. Eine der beliebtesten Erholungslandschaften des Kantons.

Kreuzlingen – Steckborn

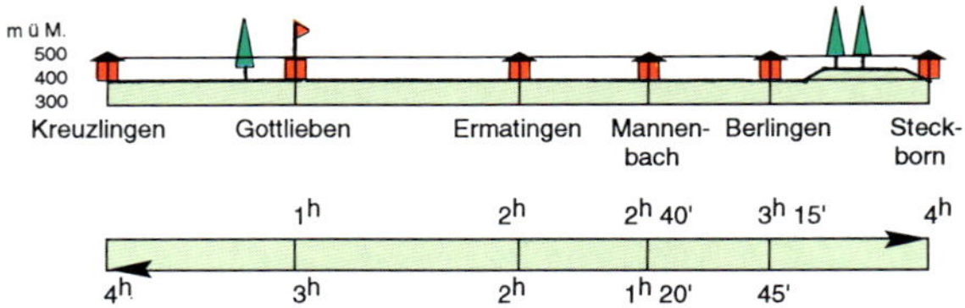

Kurz nach dem Beginn der Wanderung beim Hauptbahnhof in **Kreuzlingen** (Seite 49) wird einem die Grenzlage der Stadt vor Augen geführt, begleitet doch auf einem grösseren Stück der alte Grenzzaun den Weg ins Tägermoos. Das zum grossen Teil von Kostanzern bewirtschaftete Gemüseanbaugebiet weist schnurgerade und regelmässige Entwässerungsgräben auf, die zeigen, dass hier früher tatsächlich eine Moorlandschaft war. Der Weg führt aber bald zum Ufer des Seerheins, und in der kleinen Waldpartie am «Kuhhorn» hat sich die Natur noch so weit behauptet, dass sogar die Nachtigall zu hören ist! Umso grösser ist der Gegensatz zur touristischen Betriebsamkeit in **Gottlieben.**

Das schon im 10. Jahrhundert erwähnte Fischerdorf bekam 1251 eine Brücke, die aber die Schiffahrt störte und bald wieder abgebrochen wurde. Im Jahr 1678 wurde Gottlieben durch Verfügung der Eidgenossen zum Marktflecken, und nach der Neuordnung des Staates im Jahr 1798 war es gar Bezirkshauptort, bis es 1874 durch Kreuzlingen abgelöst wurde.
Das Schloss Gottlieben stammt aus dem 13. – 15. Jahrhundert und wurde später durch die Verlandung der Gräben aus einer Wasserburg zu einem gewöhnlichen Schloss. Während des Konzils von Konstanz im Jahr 1415 wurden hier der Reformator Joh. Hus und der abgesetzte Papst Johannes XXIII. gefangen gehalten.
Am Dorfplatz fallen die beiden Gasthäuser Drachenburg und Waaghaus auf, beides schöne Riegelbauten aus dem 17. Jahrhundert.

Zwischen dem Schilfufer des Untersees und der Bahn erreicht man das Dorf **Ermatingen,** das wie alle Unterseedörfer auf einer Landzunge liegt. Der Wanderweg führt dem Ufer entlang zu einigen schönen Riegelbauten und alten Fischerhäusern im Ortsteil Stad.

Die heute paritätische Kirche Ermatingen wurde im Schwabenkrieg zerstört und 1500 neu aufgebaut. Nebenan steht das Haus «Kehlhof» aus dem Jahr 1694, in

Insel Reichenau von Ermatingen aus

dem ein Gerichtssaal mit schöner Wappendecke erhalten geblieben ist. Gegenüber der Kirche fällt das Hotel «Adler» auf, dessen Fresken aus dem 16. Jahrhundert stammen.

Am Strandbad Ermatingen vorbei führt der Weg weiter nach **Mannenbach.**

In der Höhe über dem Dorf erkennt man die Schlösser Arenenberg und Salenstein (Seite 73) und etwas weiter westlich davon das Schloss Luisenberg, das 1835 erstellt wurde. Daneben steht die ehemalige Wallfahrtskapelle, die angeblich aus dem Jahr 1155 stammt. Sie wurde 1993 umfassend renoviert.

Beim Weitergehen erblickt man in der Höhe die Schlösser Wartburg (1877) und Eugensberg (1821 für den Bruder der Exkönigin Hortense erbaut), welches 1916 durch den Arboner Industriellen Hippolyt Saurer erneuert wurde. Im Dorf **Berlingen** kann das Wohnhaus des 1957 verstorbenen Kunstmalers Adolf Dietrich besichtigt werden. Auf seinen Bildern sind einige schöne Häuser an Strasse und See festgehalten. Nach dem Dorf steigt der Weg etwas an und führt in der Höhe am weissen Felsen vorbei nach **Steckborn.**

Aus der einstigen Steinzeitsiedlung wurde im 14. Jahrhundert ein Städtchen mit Marktrecht. Auffälligstes Gebäude ist der **Turmhof,** der um 1320 als befestigter Stützpunkt erstellt wurde und heute als Heimatmuseum dient. Das ehemalige Zisterzienserinnenkloster «Feldbach» ist ausser einem Giebelbau abgebrannt.

Karten:	1 : 50 000	Thurgauer Wanderkarte
	1 : 25 000	Blatt 1033 Steckborn
		Blatt 1034 Kreuzlingen

5. Am Untersee

Dem schmaler werdenden Untersee entlang bis zum Beginn des Hochrheins. Hohentwil und Schloss Hohenklingen im Blickfeld. Lohnende Variante über Ruine Neuburg.

Steckborn – Stein am Rhein

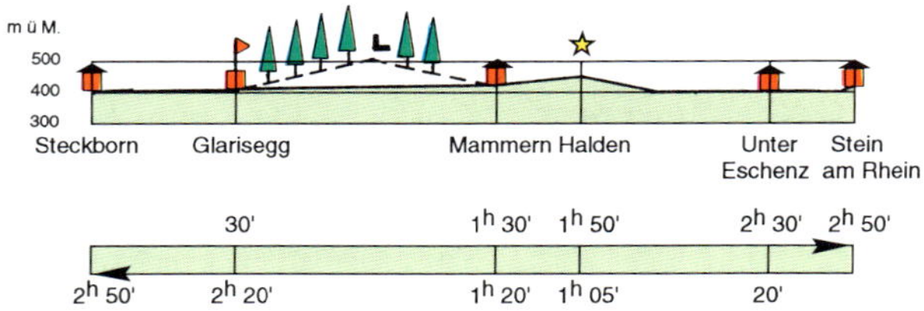

Die Fortsetzung der Seeroute vom Bahnhof **Steckborn** (Seite 35) führt am grössten Industriebetrieb des Ortes, der Bernina-Nähmaschinenfabrik, vorbei zur Weiermühle.

Obwohl die Mühle erstmals 1356 als Besitz des Klosters Reichenau erwähnt wird, trägt der Kellereingang die Jahreszahl 1667. Dies deutet auf einen Umbau hin.

Bis nach **Glarisegg** folgt man der Bahnlinie auf der Bergseite, dann wechselt man nach einem kurzen Strassenstück auf die Seeseite.

Glarisegg ist heute ein Sonderschulheim. Das Schloss wurde 1772–74 für einen aus Steckborn stammenden Pariser Bankier gebaut und 1910 in ein Landerziehungsheim umgewandelt und mit Schulbauten ergänzt. Älter ist die am See liegende ehemalige Taverne Glarisegg, welche 1557 erbaut wurde und heute ebenfalls schulischen Zwecken dient.

Hier bietet sich die Möglichkeit, statt des Seeweges den Höhenweg über die Ruine Neuburg zu wählen. Für diese Variante ist eine Mehrzeit von 15 Minuten einzurechnen. Ein kurzweiliger Fussweg mit schönen Ausblicken auf den Untersee führt zum alten Gemäuer der Ruine.
Der Seeweg führt zwischen Bahn und Ufer nach **Mammern**.

Das heute als Kurort bekannte Dorf weist seit 1866 eine Kuranstalt auf, die im ehemaligen Schloss untergebracht ist. Dieses wurde 1773 nach einem Brand des einst im Besitz des Klosters Rheinau stehenden Amtshauses neu aufgebaut und ergänzt. Besonders wertvoll ist die 1992 restaurierte Schlosskapelle mit ihrer frühen Rokokoausmalung aus dem Jahr 1750.

Bei der reformierten Kirche überquert man die Bahnlinie und erreicht nach kurzem Aufstieg den Hof Halden, der einen schönen Ausblick auf den Un-

Blick von Halden zum Schloss Hohenklingen

tersee bietet. Auf neuen Flurstrassen geht es wieder hinunter und über Bahn und Strasse an den See. Das langgezogene Dorf **Eschenz** wird umgangen und beim Stad auch das Eschenzerhorn abgeschnitten. In Unter-Eschenz beginnt der hölzerne Steg auf die **Insel Werd.**

Funde aus der Jungsteinzeit und der Broncezeit beweisen die frühe Besiedlung, die durch die Römer fortgesetzt wurde. Diese erbauten eine Holzbrücke über den See, welche auf der Insel abgestützt war. Im 8. Jahrhundert wurde der erste St. Galler Abt Otmar hierher verbannt und starb auf der Insel. Ihm zu Ehren wurde um die Jahrtausendwende die Wallfahrtskapelle erstellt, die später mehrfach umgebaut wurde. Seit dem Jahr 958 ist Werd im Besitz des Klosters Einsiedeln. Im Pfrundhaus leben seit 1957 Franziskaner-Priester.

Kurz nach dem Überschreiten der Schaffhauser Kantonsgrenze kommt man nach Burg, wo das Römerkastell Tasgetium lag, welches dem Ort Eschenz seinen Namen gab. Der Wanderweg wendet sich vom südlichen Brückenende in **Stein am Rhein** zum Bahnhof. Selbstverständlich lohnt sich aber die Besichtigung des Städtchens auf der Nordseite des Rheins.

Das mittelalterliche Brücken- und Marktstädtchen mit seinen bemalten Erkerhäusern ist eine Touristenattraktion und daher sehr viel besucht. Seine Anfänge stammen aus dem 11. Jahrhundert, als das Kloster St. Georgen hierher verlegt wurde. Seit 1267 ist es eine Stadt mit Markt- und Münzrecht. Die Brücke wurde um 1520 neu- oder umgebaut.

Karten:	1 : 50 000	Thurgauer Wanderkarte
	1 : 25 000	Blatt 1032 Diessenhofen
		Blatt 1033 Steckborn
		Blatt 1053 Frauenfeld

6. Am Hochrhein

Von einer Kleinstadt zur nächsten auf dem Rheinuferweg. Ideale Kombinationsmöglichkeiten mit der Wanderung über den Rodenberg oder mit einer Rheinschiffahrt.

Stein am Rhein – Diessenhofen

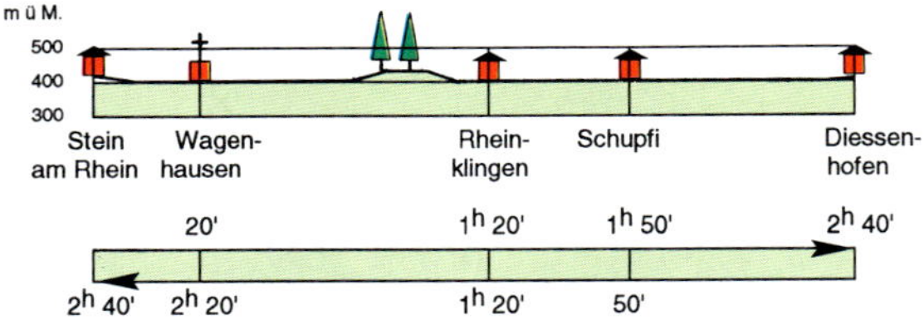

Wer die Wanderung in **Stein am Rhein** (Seite 37) beginnt und mit dem Zug anreist, sollte sich die Besichtigung des Städtchens jenseits des Rheins nicht entgehen lassen. Von der Schifflände aus durchquert man es ohnehin, um zum Wanderweg zu gelangen.
Am südlichen Brückenkopf steht der Wegweiser, der auf den Uferweg in Richtung Diessenhofen verweist. Nach wenigen Minuten kommt man erstmals ganz ans Ufer und folgt diesem bis zur ehemaligen **Propstei Wagenhausen** (Seite 97). Auf schmalem Fussweg gelangt man zum Campingplatz, den man durchqueren muss. Zwischen Wagenhausen und der Hemishofer Brücke ist der Wanderweg der schöneren Landschaft wegen in einem Umweg an den Rhein markiert. Bei der Unterführung von **Sepling,** einer ehemaligen alemannischen Siedlung, steht der Hinweis auf das Wehrmänner-Denkmal und den Rastplatz (Seite 97). Nach einem kurzen Anstieg fällt der Weg wieder zum Ufer ab und führt nach **Rheinklingen.**

Das bis zum Jahr 1839 «Reichlingen» genannte Dorf hat seinen ursprünglichen Charakter mit vielen Riegelhäusern erhalten können. Auf der Karte ist die «römische Warte» vermerkt, aus deren Steinen 868 eine erste Siedlung erbaut wurde. 1937 sind bei den Grabungen für einen Bunker eine Brandschicht und der Amboss einer Feldschmiede aus alemannischer Zeit zum Vorschein gekommen. Im Jahr 1348 sollen bei einem Pestzug nur zwei Dorfbewohner überlebt haben.
Bei den Kämpfen der Franzosen gegen die Österreicher sind bei Reichlingen 1799 und 1800 zwei Brücken über den Rhein erstellt worden (Seite 96).

Nach dem Dorf führt nochmals eine Wegschleife an den Rhein. Diese kann auf der alten Strasse, welche bis kurz nach dem zweiten Weltkrieg den ganzen Durchgangsverkehr durch das Dorf geführt hatte, abgeschnitten werden. Am bekannten Landgasthof «Schupfen» vorbei, einem schönen Riegelbau, der erstmals 1386 als Ziegelei erwähnt ist, gelangt man mehr oder weniger dicht am Wasser zur «Risägi». Hier teilt sich der Weg: Dem Rheinufer entlang geht es weiter zur Schiffländi und hangaufwärts zum Bahnhof **Diessenhofen.**

Der Sigelturm in Diessenhofen

Das erstmals 757 erwähnte «Deozincova» erhielt im Jahr 1178 das Stadtrecht. Die Kyburger als Besitzer liessen es zur Sicherung ihrer rechts des Rheins gelegenen Besitzungen befestigen und Ober- und Unterhof als Freihöfe erbauen. 1264 kam Rudolf von Habsburg in den Besitz des Städtchens, doch wurde es 1460 von den Eidgenossen erobert. 1545 wurde der Sigelturm als Archivraum und Zeitglockenturm erbaut.
1292 wird erstmals eine Brücke über den Rhein erwähnt, und in der Stumpfschen Chronik von 1548 ist die Rheinbrücke als offene Konstruktion mit Toren an beiden Enden zu sehen. Die Russen steckten sie 1799 in Brand, worauf 1816 die heutige Brücke erbaut wurde.
Die Stadtkirche wurde 1395 nach einem Brand neu erbaut und in verschiedenen Renovationen und Umbauten stark verändert. Die ehemalige Burg Unterhof wurde ebenfalls im Lauf der Jahrhunderte umgebaut. 1801 wurde der Bergfried abgebrochen, so dass der Schlosscharakter weitgehend verloren ging. Heute ist nach einer umfassenden Renovation das Ausbildungszentrum einer Versicherung darin untergebracht.
Interessant ist die Tatsache, dass der ganze Bezirk Diessenhofen fast ganz vom übrigen Thurgau abgeschnitten ist. Im Zuge der Neuordnung von ganz Europa durch die Franzosen im Jahr 1798 wollte Diessenhofen zu Zürich, wurde aber Schaffhausen zugeteilt! Auf Verlangen des Stadtrates kamen Bezirk und Stadt im Juni 1800 dann zum Thurgau.

Karten:	1 : 50 000	Thurgauer Wanderkarte
	1 : 25 000	Blatt 1032 Diessenhofen

7. Dem Rhein entlang

Letzte Etappe der Wanderung an See und Rhein. Zwei mittelalterliche Städte, zwei ehemalige Klöster und ein Naturschutzgebiet als Höhepunkte. Ehemaliger Treidelpfad als Fussweg erhalten.

Diessenhofen – Schaffhausen

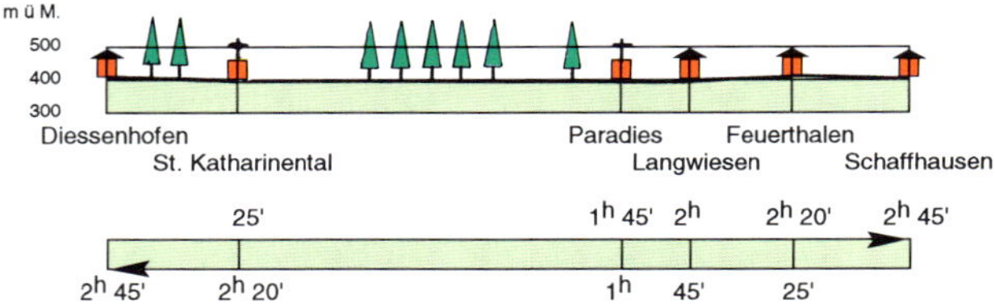

Vom Bahnhof oder von der Schifflände **Diessenhofen** (Seite 39) führen die Markierungen zum Bootshafen, wo der Geisslibach überquert wird. Beim Verlassen des Städtchens fällt dem Wanderer die ehemalige Burg Unterhof auf, welche neben der Kirche den Abschluss der geschlossenen Häusergruppen bildet. Der Weg führt nach kurzer Zeit unter Bäumen dem Fluss entlang, sodass es sich im Sommer angenehm im Schatten wandern lässt. Es ist anzunehmen, dass der fast durchgehend von Stein am Rhein bis nach Schaffhausen erhaltene Uferweg als Treidelpfad entstanden ist. Die Schiffe wurden also vom Ufer aus von Menschen oder Pferden stromaufwärts gezogen.
Das ehemalige **Kloster St. Katharinental** wird auf der Rheinseite umgangen.

St. Katharinental ist ein ehemaliges Dominikanerinnenkloster und wurde im 13. Jahrhundert gegründet. Die heutige Gestalt erhielt es beim Neubau in den Jahren 1715–18 durch Baumeister Franz Beer. Es dient heute als kantonales Alters- und Pflegeheim. Sehenswert ist die reich ausgestattete Barockkirche, welche 1732–35 erbaut wurde.

Beim Eintritt in den Schaarenwald und an einigen weiteren Stellen ist der Wanderweg doppelt geführt: Der Rheinuferweg kann bei Hochwasser nicht begangen werden!
Am Rheinknie gegenüber der deutschen Ortschaft Büsingen findet sich auf der Landeskarte der Flurname «Bruggenchopf». Tatsächlich wurde hier vom österreichischen Heer Ende 18. Jahrhundert eine Militärbrücke erstellt. Zwischen Wald und Fluss liegt die Schaarenwiese, ein wertvolles Naturschutzgebiet, welches vor allem zur Zeit der Schwertlilienblüte im Juni von besonderer Schönheit ist. Es sind aber auch andere, zum Teil seltene Pflanzen hier heimisch, wie etwa der Schalbenwurz-Enzian und die ästige Graslilie. Am Rhein sind zahlreiche Picknickplätze vorhanden.

Das ehemalige Kloster St. Kathrinental

Etwas abseits des Wanderweges liegt das ehemalige **Kloster Paradies.**

Bei der Gründung im Jahr 1253 zogen die Klarissinnen aus Paradies bei Konstanz hierher und übernahmen den alten Namen. Nach der Reformation wurde das Kloster zum Streitobjekt zwischen Diessenhofen und Schaffhausen und war zeitweise protestantisches «Kloster»! Nach einem Brand im Jahre 1587 wurde es wieder aufgebaut. Als der Kanton 1837 die Klöster aufhob, brachte man darin die Dorfschule unter. Heute ist das ganze Kloster im Besitz der Firma G+F, Georg Fischer AG in Schaffhausen, welche darin eine einzigartige «Eisenbibliothek» und Schulungsräume untergebracht hat.

Beim Gasthaus mit seiner schattigen Gartenwirtschaft führt eine Fähre über den Rhein, so dass auch die Benützung des rechtsrheinischen Wanderweges nach Schaffhausen möglich ist. (Betriebszeiten: Montag–Samstag 11.45–19.30 Uhr; Sonntag 09.00–19.30 Uhr). Nach wenigen hundert Metern überquert man die Kantonsgrenze Thurgau/Zürich. In Langwiesen kann die Wanderung abgebrochen oder nach **Feuerthalen** und **Schaffhausen** fortgesetzt werden. Dort ist die Besichtigung der Altstadt mit dem mittelalterlichen Bilderschmuck an den Häusern, des Klosters Allerheiligen und des Munots der krönende Abschluss der Wanderung. Für die Rückfahrt nach Diessenhofen stehen die Bahn oder das Schiff zur Verfügung.

Karten:	1 . 50 000	Thurgauer Wanderkarte
	1 : 25 000	Blatt 1032 Diessenhofen

Bluescht am Wanderweg bei Räuchlisberg

Oberthurgau

8. Durch den schönsten Eichenwald

Kurze Wanderung ohne grosse Steigung durch den Laimatwald und den Romanshorner Wald an den Bodensee.

Amriswil – Uttwil

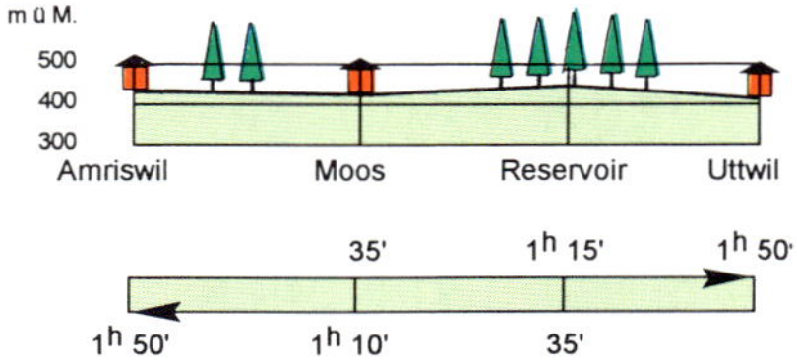

Amriswil, Ausgangspunkt mehrerer Wanderungen, hat erst seit der Eröffnung der Thurtallinie im Jahr 1855 und der Einführung der Textilindustrie die umliegenden Weiler an Grösse übertroffen. Nach der Eingemeindung der ehemaligen Ortsgemeinden wurde 1992 die 10 000-Einwohner-Grenze überschritten. Heute sind an Stelle der Textilfabriken, die zum grössten Teil schliessen mussten, neue Betriebe aus den verschiedensten Branchen getreten.

Der Wegweiser am Bahnhof **Amriswil** zeigt für die Route nach Uttwil gegen Osten. Dieser kleine Umweg lohnt sich, denn der Laimatwald bietet vor allem bei warmer Witterung wohltuenden Schatten. In diesem viel besuchten Naherholungsgebiet gibt es einen Picknick-Platz an der ersten Waldecke, einen Fitnessparcours und einen Waldlehrpfad. Nach der Unterquerung der Eisenbahnlinie verläuft der Weg auf der Strasse nach Moos und weiter auf die Anhöhe östlich des Schulhauses Sonnenberg. Ein Blick zurück lohnt sich: Bei klarem Wetter ist die Sicht über das Aachtal hinweg frei auf die Vorarlberger Gipfel, die Säntiskette und die angrenzenden St. Galler Alpen.
Zusammen mit der Route Weinfelden–Romanshorn führt der Weg in den Romanshorner Wald, der durch seine mächtigen Eichen berühmt geworden ist. Schon bei der ersten Kreuzung macht ein Wegweiser auf die Möglichkeit eines Abstechers zur Waldschenke bei Punkt 442 aufmerksam. Diese ist während des ganzen Sommers meist auch an den Werktagen geöffnet.
Der weitere Weg führt zum alten Reservoir der Gemeinde Romanshorn,

einem schlossähnlichen Gebäude mit der Jahrzahl 1894. Hierher wurde früher das Bodenseewasser gepumpt, damit es mit genügend Druck in die Wasserleitungen des Dorfes floss. Heute ist es ausser Betrieb, da oberhalb von Amriswil ein neues, höher gelegenes Reservoir gebaut wurde.

Altes Reservoir im Romanshorner Wald

Unmittelbar neben dem Reservoir wurde ein Picknick-Platz mit Feuerstelle und Brunnen eingerichtet. 50 Meter dahinter ist eine der schönsten Eichen zu bewundern, deren Stamm auf Kopfhöhe einen Umfang von 5,7 Metern aufweist! Bei der nächsten Verzweigung des Wanderweges kann ein Abstecher zu den Uttwiler Weihern unternommen werden.

Diese sind künstlich erstellt worden, bilden aber seit langer Zeit ein Erholungsgebiet. Sie dienten früher der Eisgewinnung, zudem trieb das Wasser in Uttwil eine Mühle an.

Auf dem Weg nach **Uttwil** bietet sich nach dem Verlassen des Waldes ein schöner Blick auf das Dorf und den See.

Uttwil, das «Dorf der Maler und Dichter», beherbergte zwischen den beiden Weltkriegen mehrere bedeutende Maler (wie Ernst E. Schlatter) und Schriftsteller (Carl Sternheim, Paul Ilg und Emanuel Stickelberger).
Im Jahr 1646 war der «Uttwiler Handel» Anlass, dass sich die Eidgenössische Tagsatzung lange mit dem Dorf befassen musste. Da für den Bau einer neuen Kirche die Steine der nicht mehr benützten Agatha-Kapelle verwendet worden waren, wäre es beinahe zu einem bewaffneten Konflikt zwischen reformierten und katholischen Orten gekommen.
Das Dorf war vor dem Bau der Eisenbahnen der wichtigste Bodenseehafen auf Schweizer Seite. Aus der Zeit der wirtschaftlichen Blüte in der ersten Hälfte des 18. Jahrhunderts stammen denn auch die imposanten Häuser am Hafen.

Karten:	1 : 50 000	Thurgauer Wanderkarte
	1 : 25 000	Blatt 1054 Weinfelden
		Blatt 1055 Romanshorn

9. Erlebnis Sitterfähre

Gemütliche Wanderung von Amriswil über die Kantonsgrenze nach Bernhardzell. Überquerung der Sitter mit der einzigen motorlosen Fähre im Kanton Thurgau.

Amriswil – Sitterfähre – Bernhardzell

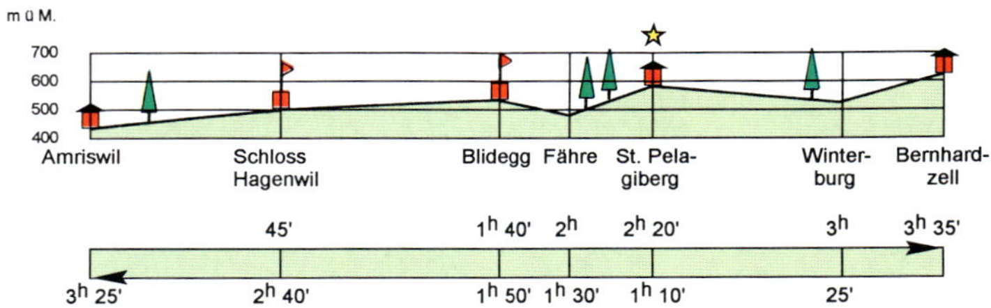

Vom Bahnhof **Amriswil** (Seite 44) muss zuerst der Südrand des Dorfes erreicht werden, was den Wanderer am schönen Riegelbau des alten Pfarrhauses vorbei zum Marktplatz und zur evangelischen Kirche führt. Über den Hegibach führt eine kleine Brücke, der Palmensteg, obwohl keine Palmen (mehr?) zu sehen sind. Südlich des Weilers Gizenhus führt ein Weg durch den Wald zum neuen Reservoir der Gemeinden Amriswil und Romanshorn hinauf. Verschiedene Hohlwege deuten an, dass es sich um einen alten Weg handelt, der in früherer Zeit die Hauptstrasse St. Gallen–Konstanz bildete. Über die Hochebene erreicht man das **Schloss Hagenwil**.

Das einzige in der Ostschweiz erhaltene Wasserschloss wurde in seinem Kern um 1200 erbaut. Der Bergfried hat einen Grundriss von 13x12 Meter und weist 1,7 Meter dicke Mauern auf! Die meisten übrigen Gebäude stammen aus dem 16. Jahrhundert und ersetzten frühere Holzbauten. Tor und Zugbrücke stammen aus dem Jahr 1741. In den Appenzellerkriegen wurde Hagenwil belagert und erobert, aber nicht zerstört, und im 30jährigen Krieg plünderten die Schweden Burg und Umgebung, richteten aber ebenfalls am Gebäude keinen Schaden an. Das Schloss mit der gemütlichen Gaststube ist seit 1806 im Besitz der Familie Angehrn.

In Hueb weist eine Tafel darauf hin, dass die Sitterfähre während den Wintermonaten November bis März und bei Niedrigwasser nicht verkehrt (Auskunft erteilt Telefon 071/433 15 50). Dann muss der Weg nach Bernhardzell über Rorenmoos und Roten gewählt werden. Im Sommer aber geht es weiter an den Rand des Hudelmooses, welches das einzige Hochmoor des Kantons ist (Seite 54). Über Rotzenwil führt der Weg weiter nach **Blidegg**, wo am Abhang des Sittertales ein weiteres Schloss steht.

Vom einstigen Schloss Blidegg steht nur noch das stark umgebaute Herrschaftshaus. Der Turm der früheren Burg wurde im letzten Jahrhundert abgebrochen.

Sitterfähre Gertau – Degenau

Unmittelbar unterhalb des Schlosses befindet sich das kunsthistorisch wertvollste Gebäude an dieser Route, nämlich die **Kapelle Degenau.**

Die Kapelle St. Nikolaus und Sta. Magdalena wurde Mitte des 12. Jahrhunderts errichtet. Sie enthält wertvolle romanische Fresken der späten Reichenauer Schule. Nach einem Brand zwischen 1577 und 1587 wurde sie wiederhergestellt.

Hauptattraktion der Route bildet ohne Zweifel die **Sitterfähre und Schenke Gertau.** Wer am Ufer den Fährmann (oder, im Zeichen der Emanzipation auch die Fährfrau) herüberrufen will, benützt dazu wie in früheren Zeiten den Hammer, mit dem auf die hängende Eisenplatte geschlagen wird.

Schon die St. Gallen-Pilger des Mittelalters fanden hier eine Fähre vor. In jener Zeit bildete sie den einzigen Sitterübergang zwischen Bischofszell und St. Gallen.

Nach kurzem Anstieg nach St. Pelagiberg, das mit Kirche und Kurhaus weithin sichtbar über dem Sittertal steht, wendet sich der Weg nach Osten. Beim Weiler Türlewang betritt man St. Galler Gebiet und gleichzeitig den Rand des Waffenplatzes Sittertobel. Der Durchgang ist aber jederzeit möglich. Nochmals muss an die Sitter abgestiegen werden. In Winterburg kann man nach Häggenschwil abzweigen, um an die Bodensee-Toggenburg-Bahn zu gelangen (1 Std. 5 Min. bis Häggenschwil/Winden). Bis zum Routenziel **Bernhardzell** gibt es nochmals einen kurzen Aufstieg.

Karten:	1 . 50 000	Thurgauer Wanderkarte
	1 : 25 000	Blatt 1054 Weinfelden
		Blatt 1074 Bischofszell
		Blatt 1075 Rorschach

10. Durch den Güttinger Wald

Von Amriswil abseits der Strassen nach Kreuzlingen. Gemütliche Wanderung ohne grosse Steigungen mit einigen überraschenden Ausblicken auf den Bodensee.

Amriswil – Kreuzlingen

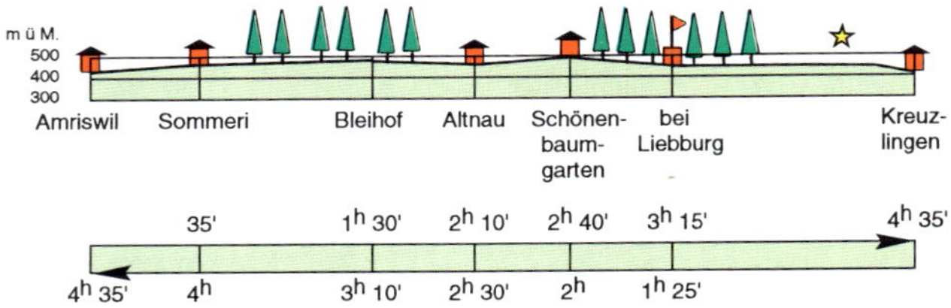

Durch die Unterführung im Amriswiler Bahnhof (**Amriswil** Seite 44) gelangt man nach wenigen Metern zur ersten Sehenswürdigkeit, dem Eisweiher. Der aus einer Lehmgrube entstandene Weiher lockt viele Wasservögel an und dient im Winter als Eisfeld. Das «Weiherhüsli» des früher bekannten Trachtenvaters Gremminger ist beliebtes Fotosujet. Der Weg führt durch den Park um den Weiher herum und hinunter an die Aach. Auf einer Flurstrasse gelangt man über den Hebbach ins Dorf **Hefenhofen.**

Die verhältnismässig grosse, viele Weiler umfassende Gemeinde Hefenhofen hat kein eigentliches Zentrum. Am Hebbach steht die ehemalige Mühle, die seit dem 16. Jahrhundert viele Besitzer erlebte, zeitweise auch als Sägerei betrieben und sogar mit einer Dampfmaschine ausgerüstet wurde. Heute ist sie stillgelegt.

Über **Sommeri** (Seite 62) gelangt man zum Güttinger Wald, dem man vorerst am Südrand folgt. Die rund 4½ Kilometer lange Waldfläche wird der Länge nach durchwandert. Im Waldteil «Gösli» wird die Aachtalroute Romanshorn–Weinfelden gekreuzt, die gleichzeitig Teil der Mittellandroute nach Genf ist. Nach dem Verlassen des Waldes öffnet sich erstmals der Blick auf den Bodensee, der sich mehrmals und oft überraschend darbietet. Durch grosse Obstbaumbestände erreicht man das Oberdorf von **Altnau.**

Seit dem 8. Jahrhundert ist Altnau als Bauerndorf im Besitz des Stiftes Konstanz geschichtlich bekannt. In der Helvetik lehnten sich die Altnauer 1798 gegen die neue Ordnung auf, verbrannten den Freiheitsbaum und zogen protestierend nach Weinfelden. Unter dem Druck militärischer Besetzung durch bewaffnete thurgauische Truppen lenkten die Altnauer aber ein!

Am Weiher der ehemaligen Oberen Mühle Altnau vorbei führt der Weg zu weiteren grossen Obstanlagen. Auf der wenig befahrenen Strasse gelangt man nach **Schönenbaumgarten,** wo die Hauptstrasse überquert wird.

Liebburg bei Lengwil

Am Weg zum Scherzinger Wald stehen zwei alte Mühlen, welche früher das Wasser des Tobelbaches nutzten. Beim Wegweiser «Nördlich Liebburg» kann vom Waldrand aus ein Blick auf das Schloss Liebburg geworfen werden. Vom weiteren Wegverlauf kann es nicht mehr eingesehen werden.

Schloss Liebburg ist ein Neubau aus der 2. Hälfte des 18. Jahrhunderts. Damals soll die alte Burg durch ein Erdbeben unbewohnbar geworden sein. Um 1900 erfolgte ein Ausbau des Rechteckbaus zur heutigen, zinnengekrönten Form. Das Schloss ist in Privatbesitz, es kann nicht besichtigt werden.

Über den Hof Mellgenten auf der aussichtsreichen Anhöhe erreicht man die obersten Häuser von **Kreuzlingen.** Nach einem kurzen Waldweg betritt man im Quartier Geissberg endgültig das Stadtgebiet.

Die Klosteranlage mit der Kirche St. Ulrich entstand im Jahr 1668, nachdem das alte, näher bei Konstanz gelegene Kloster im 30jährigen Krieg zerstört worden war. Bei der Klosteraufhebung wurde es zum Lehrerseminar. Nach dem Brand von 1963 wurden Seminar und Kirche nach den alten Plänen wieder aufgebaut.
1873 wurde das Kloster Kreuzlingen mit den wenigen Häusern darum herum mit der Gemeinde Egelshofen vereinigt und rückte zum Bezirkshauptort auf. Das heutige Stadtgebiet wurde aber erst durch den Zusammenschluss mit Emmishofen und Kurzrickenbach im Jahr 1928 erreicht.

Karten:	1 : 50 000	Thurgauer Wanderkarte
	1 : 25 000	Blatt 1034 Kreuzlingen
		Blatt 1054 Weinfelden

11. Von Amriswil auf den Nollen

Abwechslungsreiche, ausgedehnte Tageswanderung aus dem Aachtal auf den Nollen. Schöne Ausblicke und interessante Gebäude. Beginn auch in Kradolf möglich, dadurch nur halbe Distanz.

Amriswil – Nollen

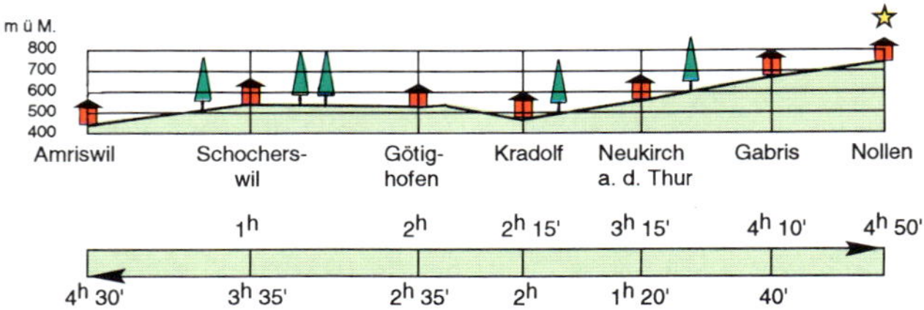

Auf dem Weg vom Bahnhof **Amriswil** (Seite 44) zum Marktplatz kommt man am schönen Riegelhaus aus dem 17. Jahrhundert vorbei, das im Besitz der evang. Kirchgemeinde ist. Bei der reformierten Kirche mit ihrem 75 Meter hohen Turm verlässt man den Dorfkern und folgt dem Fussweg zum Hellmühleweiher. Das restaurierte oberschlächtige Rad der Hellmühle, die seit der Mitte des 15. Jahrhunderts bekannt ist, läuft seit einigen Jahren wieder und produziert heute Strom. Für kurze Zeit folgt man dem Hegibach, und nach kurzem Anstieg zum Schollenberg, der noch einmal den Blick zurück nach Amriswil freigibt, wird der Mühlebach überschritten. Hegi- und Mühlebach trieben zusammen einst 9 Mühlen an! Über **Schocherswil** geht es weiter zum Biessenhofer Wald. Ein Besuch der drei Weiher lohnt sich, wird aber aus Zeitgründen besser für eine andere Gelegenheit aufgeschoben. Dem neuen Golfplatzgelände entlang erreicht man **Buchackern** und über einen aussichtsreichen Moränenzug mit Blick auf die Weinberge das Dorf **Götighofen.**

Mehrere schöne Riegelhäuser prägen das Dorf, so zum Beispiel die beiden Gasthäuser «Zur Traube» aus dem 18. und «Zum Löwen» aus dem frühen 19. Jahrhundert.

Wiederum über eine Moräne gelangt man bei Breitenloo an den Rand des Thurtals und folgt dem steilen Strässchen bis nach **Kradolf** hinunter. An der stillgelegten Teigwarenfabrik und am Bahnhof vorbei gelangt man zur Thurbrücke. Bis 1872 war hier eine Fähre nach **Schönenberg** in Betrieb.

Die mit Wasserkraft betriebene Seidenweberei ist seit einigen Jahren stillgelegt. Das schöne Riegelhaus Obermühle von 1814 weist noch das alte Tavernenschild aus der Bauzeit auf. Die Mühle bestand 900 Jahre lang, wurde aber 1958 aufgegeben.

Ruine Last

Bei der Obermühle beginnt der Aufstieg, der aus der Thurebene wieder auf das Hochplateau führt. An dominierender Stelle liegt die Ruine Last,

welche 1159 erstmals erwähnt ist und Stammsitz der Herren von Schönenberg war. Da nur ein Bergfried vorhanden ist, muss angenommen werden, dass dieser einst als Wohnraum einen hölzernen Obergaden trug, wie er beispielsweise in Mammertshofen erhalten geblieben ist.

Über Roten gelangt man nach **Neukirch an der Thur.**

Der Ortsname stammt von 1485, als die neue Kirche gebaut wurde, die seither mehrmals umgebaut und verändert worden ist. Die Ergänzung «an der Thur» stimmt geographisch nicht ganz, unterscheidet das Dorf aber von anderen Dörfern gleichen Namens.

An der Kirche vorbei geht es weiter zur Müli.

Sie stammt aus dem 15. Jahrhundert, war bis 1916 in Betrieb und wurde vor kurzem restauriert. Ausser der erhaltenen Sägerei wurden früher ein Getreidemahlwerk, ein Dörrhaus und eine Knochenmühle betrieben.

Beim Hof Hueb verlässt man für einige hundert Meter den Kanton, da der Weiler **Dietenwil** zum Kanton St. Gallen gehört. Schon auf der nächsten Anhöhe betritt man aber wieder Thurgauer Gebiet und gelangt über Gabris und **Ruedenwil** nach **Hosenruck** (Seite 89). Eine Allee führt hinauf zu Aussichtspunkt und Gasthaus **Nollen** (Seite 89). Die verschiedenen Abstiegsmöglichkeiten sind auf Seite 89 beschrieben.

Karten:	1 : 50 000	Thurgauer Wanderkarte
	1 : 25 000	Blatt 1054 Weinfelden
		Blatt 1074 Bischofszell

12. Zu den Biessenhofer Weihern

Eine Höhle im Deckenschotter und die schöne Weiherlandschaft im Biessenhofer Wald sind die Höhepunkte einer kurzen, aber genussvollen Wanderung ins Aachtal.

Bischofszell – Oberaach

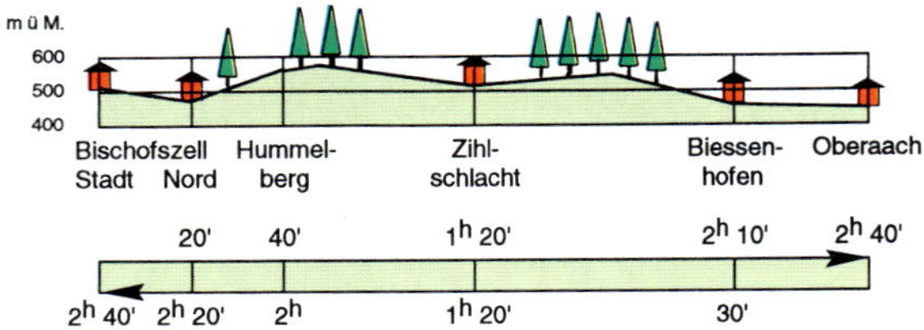

Ausgangspunkt ist das Städtchen **Bischofszell.**

Seit dem Jahr 919 ist Bischofszell als Chorherrenstift mit Kirche geschichtlich belegt. Darum herum bildeten sich die ältesten Teile des Städtchens, welche durch die Burg gesichert wurden. Mitte des 13. Jahrhunderts wurde das Stadtrecht erteilt, und es entstand der östliche Teil mit der Ringmauer. Die östlich des Bogenturms gelegene Vorstadt wurde in den Appenzeller Kriegen abgebrochen, 1437 aber wieder aufgebaut und in die Befestigung einbezogen. Nach der Eroberung des Thurgaus durch die Eidgenossen im Jahr 1460 verwaltete ein Obervogt das Städtchen. Drei grosse Stadtbrände, der letzte 1743, zerstörten beträchtliche Teile der Stadt. 1848 wurde das Chorherrenstift aufgehoben.
Sehenswert ist ausser der Altstadt, welche 1987 den Wakkerpreis erhielt, die Pfarrkirche St. Pelagius aus dem 10. Jahrhundert. Sie wurde um 1300 erneuert und um 1400 zur heutigen Form umgebaut. Von Bedeutung sind ferner das heute in Privatbesitz stehende Schloss aus der Zeit um 1420 (dessen Bergfried wurde 1843 abgebrochen), das Rathaus mit der schönen barocken Fassade von 1750 und eine ganze Reihe von Bügerhäusern aus der selben Zeit. Die reformierte Kirche wurde 1968/69 erstellt.

Je nach der zur Verfügung stehenden Zeit wählt man den direkten Weg nach Bischofszell Nord oder schlendert erst durch die Gassen, um den Reiz der Häuserreihen auf sich wirken zu lassen. Beim Bahnhof Nord verlässt man den Industriebezirk mit Konservenfabrik und Obstverwertungsanlagen über die Passerelle und steigt durch den Wald Richtung Hummelberg. An der grossen Kiesgrube vorbei führt der Weg zum Restaurant. Beim Eingang zum Felsenholz steht ein Picknickplatz zur Verfügung.
Man folgt dem Weg bis zum höchsten Punkt und weiter bis an den Rand des Plateaus. Dort findet man den Abstieg zum Hohlenstein, einem höhlenähnlichen Überhang im Fels. Ein kleiner Pfad führt zum Wanderweg zurück. Das Dorf **Zihlschlacht** weist mehrere schöne Riegelhäuser auf.

Rathaus Bischofszell

Die Kirche aus dem 14. Jahrhundert wurde 1713 erweitert und 1823 mit dem Turm versehen. Von den Riegelhäusern sind besonders das Gerichtshaus in der Nähe der Kirche, erbaut 1740, und die ehemalige «Krone» von 1835 sehenswert.

Nach den letzten Häusern biegt ein Feldweg ab gegen den Biessenhofer Wald. Die Wegmarkierung führt zum mittleren der drei Weiher. Von hier aus kann man in 5 Minuten auch dem obersten Weiher einen Besuch abstatten. Er übertrifft an Grösse und Schönheit die beiden andern. Der direkte Weg geht weiter zum Dörfchen **Biessenhofen.**

Die Kapelle St. Jakobus, hinter einer Gewerbehalle fast nicht mehr sichtbar, stammt aus dem Jahr 1455 und wurde 1758 barockisiert. Ferner sind einige Riegelhäuser und ein Bohlenständerhaus östlich der Kapelle erhalten.

Auf einem schmalen Flurweg gelangt man bei der Käserei zum Amriswiler Dorfteil **Schrofen.**

Hier befindet sich das als Museum restaurierte Bohlenständerhaus, eines der wenigen in fast reiner Form erhaltenen Häuser dieses Typs, der als Vorgänger des Riegelhauses einst übliche Bauweise war. In senkrechte Ständer sind waagrecht dicke Bretter eingefügt, sogenannte Bohlen, welche die Wandflächen bilden. Das Haus aus der Zeit um 1540 erhielt etwa um 1650 einen Webkeller und später einen Scheunenanbau.

An den Gebäuden der Obstverwetung vorbei erreicht man den Bahnhof **Oberaach.**

Karten:	1 : 50 000	Thurgauer Wanderkarte
	1 : 25 000	Blatt 1054 Weinfelden
		Blatt 1074 Bischofszell

13. Durchs Hudelmoos

Kurze, einfache Wanderung zum bekannten Hochmoor auf der Kantonsgrenze Thurgau – St. Gallen. Interessante Flora und Fauna.

Bischofszell – Amriswil

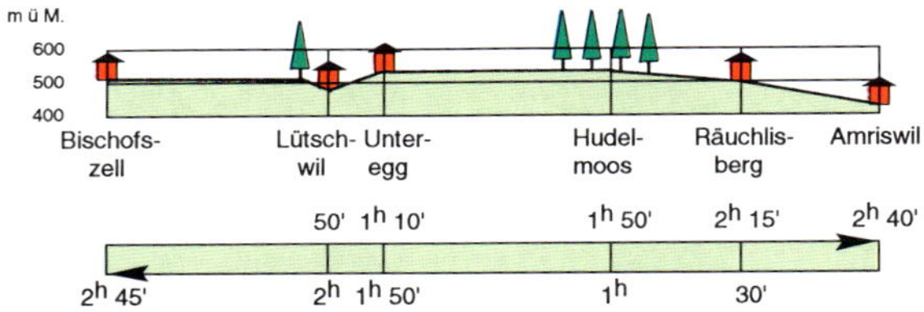

Vor Beginn der Wanderung beim Bahnhof **Bischofszell** (Seite 52) kann ein Rundgang durch das sehenswerte Städtchen sehr empfohlen werden. Die Route zum Hudelmoos führt vom Obertor zum neuen Alters- und Pflegeheim Sattelbogen und weiter nach Stocken und **Eberswil.** Hier verlässt man die Strasse und steigt an der alten, aus dem 18. Jahrhundert stammenden Mühle vorbei ein wenig an, um auf einem Waldweg der Fahrstrasse auszuweichen. Kurz vor der Sitterbrücke von **Lütschwil** kommt man zur Strasse zurück.

Bis zum Jahr 1889 bestand hier eine Fähre, die durch einen Holzsteg, später durch eine Eisenbrücke ersetzt wurde. Ein Hochwasser riss diese jedoch weg, worauf 1911 die heutige Steinbrücke erstellt wurde.

Jenseits der Brücke führt ein Fussweg zuerst durch die Ebene, dann aus dem Sittergraben ansteigend hinauf nach Unteregg. Nach dem Überqueren der Strasse gelangt man auf Feldwegen nach Riet, wendet sich aber vor den ersten Häusern Richtung **Hudelmoos.** Da der Wanderweg am Südrand bleibt, muss er für eine Besichtigung der Moorlandschaft verlassen werden. Dies darf aber nur auf den markierten Wegen geschehen, da es sich um ein *geschütztes Gebiet von nationaler Bedeutung* handelt.

«Vermutlich das eindrücklichste Beispiel im gesamten schweizerischen Mittelland.» So wird im ‹Inventar der Hoch- und Übergangsmoore der Schweiz› das Hudelmoos wegen seiner Grösse, dem derzeitigen Zustand, der landschaftlichen Schönheit und des Artenreichtums an Pflanzen und Tieren charakterisiert! Orchideen, seltene Moor- und Wasserpflanzen und viele Kleinlebewesen, die auf die Nähe des Wassers angewiesen sind, kommen hier vor. Tatsächlich fühlt man sich im Hudelmoos in eine andere Welt versetzt, in der die Natur bestimmend ist, obwohl vor allem in früherer Zeit auch hier der Mensch massiv eingegriffen hat. Ums Jahr 1700 begann der Torfabbau. Von den Mooskorporationen wurden an die Bewohner der Dörfer rund um das Moos Torfrechte zur Gewinnung von Heiz-

Im Hudelmoos

material erteilt. Im Laufe von 150 Jahren wurde die ursprünglich bis 6 Meter dicke Torfschicht auf weniger als die Hälfte reduziert. Dieser massive Abbau muss mit dem Wachstum verglichen werden: Ein Meter Torf wächst in etwa 1000 Jahren!

Vom Wegweiser «Hudelmoos» an der Ostecke des Moores führt der direkte Weg nach Amriswil über Räuchlisberg. Wer dem Wasserschloss Hagenwil einen Besuch abstatten will, folgt dem Weg über Hueb und braucht dafür etwa 15 Minuten mehr.
Der direkte Weg, der kurz durch den Wald und weiter nach Räuchlisberg führt, durchquert bei der Schiessanlage eine fruchtbare Ebene, welche den Flurnamen «Mösli» trägt. Dies deutet darauf hin, dass früher die ganze Ebene sumpfig war. Heute ist ausser dem Hudelmoos noch ein kleines Restmoor im Osten, das Chlegelmoos, davon übrig geblieben. Der Dorfteil **Räuchlisberg,** noch vorwiegend Bauerndorf geblieben, liegt am Rand der Hochebene über dem Aachtal. Der Wanderweg verläuft auf dem alten Kirchweg nach Gizenhus und weiter zum Palmensteg, dem Brücklein über den Hegibach unmittelbar südlich der Evangelischen Kirche von **Amriswil** (Seite 44). Über den Marktplatz leitet die Markierung am alten Pfarrhaus vorbei zum Bahnhof.

Karten:	1 : 50 000	Thurgauer Wanderkarte
	1 : 25 000	Blatt 1054 Weinfelden
		Blatt 1074 Bischofszell

14. Zu den Hauptwiler Weihern

Abwechslungsreiche Halbtageswanderung über die Moränenlandschaft von Häggenschwil an die Sitter und entlang den fünf Weihern nach Hauptwil.

Häggenschwil / Winden – Hauptwil

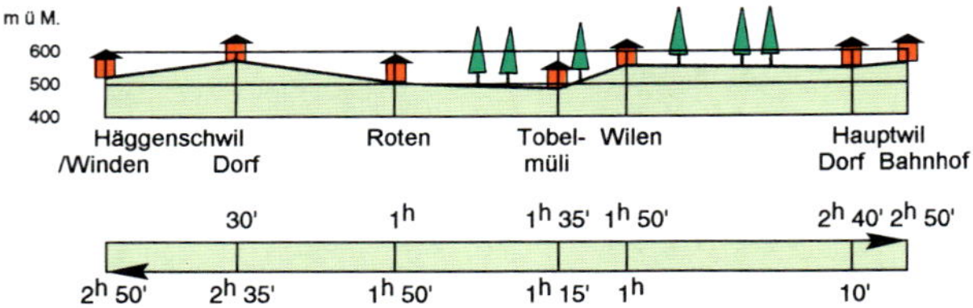

Die Station **Häggenschwil / Winden** der Bodensee-Toggenburg-Bahn mit der schönen Aussicht auf den Bodensee liegt auf Thurgauer Gebiet, doch nach wenigen Metern verlässt man den Kanton für die erste Wegstunde. Bis zum Dorf **Häggenschwil,** das auf einer markanten Moräne liegt, folgt der Wanderweg der Strasse.

Die Kirche St. Notker ist eine der berühmten «Grubenmann-Kirchen» im Barockstil, vom bekannten Brücken- und Kirchenbauer Joh. Jak. Grubenmann 1728 erbaut und 1780 von Joh. Ferd. Beer umgestaltet. Aus der selben Zeit stammt das gegenüber liegende Gasthaus «Krone».

Vom Weiler Finkenbach aus ist in der Höhe Chollerberg sichtbar, in dessen Nähe die bekannte Ruine **Ramschwag** hoch über der Sitter liegt (von Finkenbach in 15 Minuten erreichbar). Der Weg führt weiter zur Sitterbrücke von Roten, wo wieder in den Kanton Thurgau gewechselt wird. Ein Strässchen schneidet bei Lemisau den Sitterbogen ab und führt gegenüber der **Papiermüli** ans Ufer.

Die alte Papierfabrik auf der Landzunge wurde bereits im 17. Jahrhundert betrieben. Ende des letzten Jahrhunderts beschäftigte sie zeitweise bis zu 25 Arbeiter. 1901 musste sie stillgelegt werden und dient heute als Lagerhaus einer Baufirma.

Über den Hof Gertau, wo die einzige motorlose Fähre über die Sitter führt, geht es dem Fluss entlang weiter bis zur **Tobelmüli.**

Der Mühletrakt wurde 1965 abgerissen, so dass nur der Name an das Bestehen einer alten Kornmühle erinnert.

In einem kurzen, aber recht steilen Aufstieg erreicht man die Höhe von Wilen in der Gemeinde Gottshaus und damit eine völlig anders geartete Landschaft.

Zwischen den Drumlins, elliptischen Moränenhügeln mit fruchtbaren Obstgärten und Waldpartien, liegen in einer Kette die fünf **Hauptwiler Weiher.**

Um 1430 liess das Chorherrenstift von Bischofszell die Weiher in der eiszeitlichen Schmelzwasserrinne zwischen Wilen und Hauptwil anlegen. Sie dienten der Fischzucht und bildeten damit eine wichtige Nahrungsmittelreserve. Heute sind sie Naturschutzgebiet. Weil das ganze Ökosystem der Landschaft sehr empfindlich ist, dürfen die Wege nicht verlassen werden.

Entlang den Weihern verläuft der Weg zuerst linksseitig. Nach dem dritten Weiher wechselt man bei einem Rastplatz über den Damm auf die andere Talseite und erreicht über das Büelholz das Dorf **Hauptwil.**

Das 1670 erstellte Tortürmchen von Hauptwil

Seit 1554 wird die Wasserkraft der Weiher und Bäche genutzt. Im 17. Jahrhundert verlegte die Industriellenfamilie Gonzenbach die Leinwandfabrikation von St. Gallen nach Hauptwil und liess 1664 das Schloss bauen. Anfang 19. Jahrhundert begann die Baumwollindustrie, und es entstanden Färbereien und Webereien. Heute ist nur noch eine Stickerei in Betrieb.
Das Dorf Hauptwil weist heute noch ein einzigartiges System von Kanälen, Wasserfassungen und Staustufen aus dem Zeitalter der ersten Industrien auf. An einem alten Fabrikkanal sind die privaten Waschhäuschen aus früherer Zeit zu sehen. Im weiteren Verlauf trieb das Wasser eine Mühle an. Die alten Industriebauten im Dorfzentrum werden heute als Wohnhäuser und als Gemeindehaus genutzt. Sie wurden ebenfalls durch Kanäle mit Wasser versorgt.
Ein Industrie-Lehrpfad Hauptwil – Sorental – Bischofszell, der als Fortsetzung dieser Wanderung dienen könnte, wurde 1995 realisiert.

Karten:	1 : 50 000	Thurgauer Wanderkarte
	1 : 25 000	Blatt 1074 Bischofszell
		Blatt 1075 Rorschach

15. Wanderung durch vier Wälder

Neuwald, Güttingerwald, Emmerzerwald und Wisstannenholz werden praktisch ohne Steigungen durchwandert. Die Hälfte der Strecke im Schatten.

Romanshorn – Siegershausen

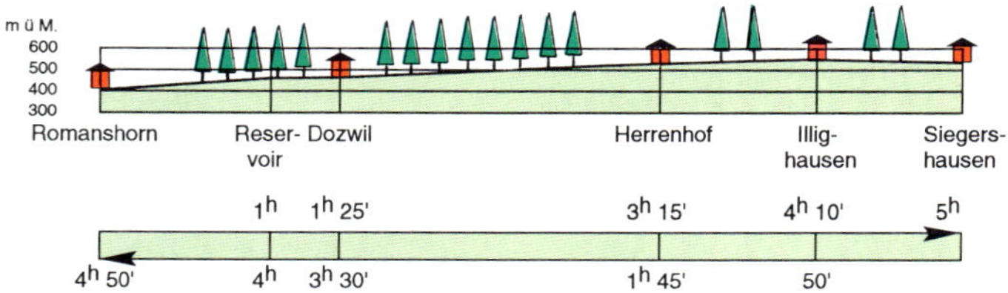

Vom Bahnhof **Romanshorn** aus (Seite 31) erreicht man bald einen kleinen Fussweg, der zu den Schul- und Sportanlagen Weitenzelg führt. Neben der Sekundar- und der Realschule stehen die Neubauten der Kantonsschule Romanshorn. Am Dorfrand betritt man bei den Höfen Romis und Eichhof den Neu- oder Romanshornerwald, der für seine schönen Eichen bekannt ist. Dort wo man erstmals den Wald verlässt, besteht die Möglichkeit eines Abstechers zu den Uttwiler Weihern (Seite 45), die nicht ganz an der Route liegen. Sehenswert ist das alte Romanshorner Reservoir (Seite 44/45), wo sich die Wege nach Dozwil und nach Sonnenberg trennen. Kurz nach dem Verlassen des Waldes erreicht man **Dozwil**.

Das auffallend geschlossene Dorf, das die Sekundarschule des Kreises Uttwil-Kesswil-Dozwil beherbergt, ist erst im 15. Jahrhundert erstmals erwähnt. Eine kurze Blüte brachte nach 1820 die Handweberei, die Dozwil zu einem der reichsten Dörfer machte. Mit dem Aufkommen der Webmaschinen nahm dies aber bald ein Ende, und heute gibt es gar keine Textilbetriebe mehr im Dorf.

Auf dem kürzesten Weg geht es weiter in den ausgedehnten Güttinger Wald, welcher der Länge nach durchquert wird. Mehr als eine Stunde dauert es, bis man ihn bei Waldhof wieder verlässt. Das Doppeldorf **Langrickenbach / Herrenhof** liegt an der Hauptstrasse Kreuzlingen – Amriswil.

Die Kirche Langrickenbach stammt aus dem Jahr 1728. Beim Überschreiten der Hauptstrasse fällt links ein imposantes, fast schlossähnliches Haus auf: Das Altwegghaus aus dem frühen 19. Jahrhundert.

Kurz nach Herrenhof ermöglicht eine Krete den Blick auf den See, bevor der Weg zum Emmerzerwald abbiegt. Der vom Wanderweg aus kaum sichtbare Weiher ist künstlich angelegt und in Privatbesitz.

Herbstlicher Güttinger Wald

Über die leicht nach Norden geneigte Hochebene mit dem schönen Namen «Gögelland» führt der Wanderweg in gerader Linie ins Dorf **Illighausen.**

Illighausen, das bis heute ohne öffentliche Verkehrsmittel auskommen muss, ist in erster Linie Bauerndorf. Gegenüber der Kirche steht der Zehntenhof, dessen grosse Scheune zu einem Kulturzentrum ausgebaut worden war. Vor einigen Jahren brannte sie ab und musste neu errichtet werden.

Auf einem aussichtsreichen Wegstück dem Waldrand entlang führt der Weg zum Wisstannenholz und weiter nach **Siegershausen.** Am Endpunkt der Wanderung steht die Mittel-Thurgau-Bahn für die Rückkehr über Kreuzlingen oder über Weinfelden zur Verfügung.

Siegershausen, 1227 erstmals erwähnt, blieb lange ein reines Bauerndorf. Erst die Eröffnung der Mittel-Thurgau-Bahn im Jahr 1911 brachte einen Aufschwung. Nach langen Diskussionen war die Linie nicht über Birwinken und Illighausen, sondern über Berg und Siegershausen geführt worden. Damit war der Eisenbahnbau im Kanton abgeschlossen. Erst 1965 wurde die Linie Weinfelden – Kreuzlingen elektrifiziert. Bis dahin verkehrten die Züge zuerst mit Dampf-, später mit Diesellokomotiven.
Heute bieten eine bekannte Weichkäserei und eine Palettenfabrik zahlreiche Arbeitsplätze an.

Karten:	1 : 50 000	Thurgauer Wanderkarte
	1 : 25 000	Blatt 1054 Weinfelden
		Blatt 1055 Romanshorn

16. Von St. Gallen an den Bodensee

Ausgedehnte Wanderung mit abwechslungsreicher Wegführung. Schöne Aussichtspunkte. Besonders zu empfehlen während der Obstbaumblüte Anfang Mai.

St. Gallen – Romanshorn

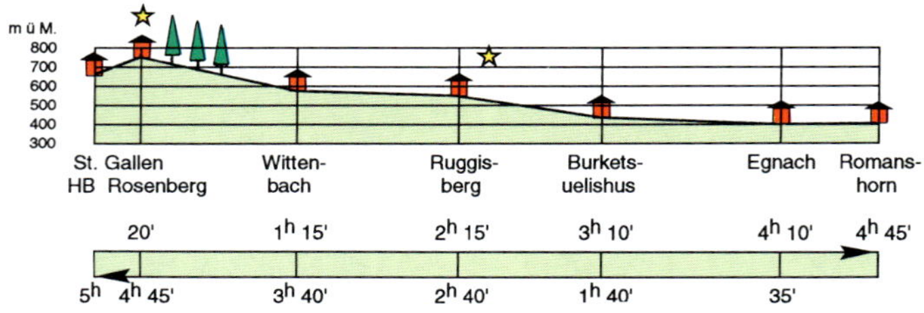

Statt vom Hauptbahnhof **St. Gallen** zum Rosenberg aufzusteigen, kann auch der Bus Nr. 5 nach Rotmonten benützt werden. Von dort ist der Markierung nach Wittenbach Dorf zu folgen, was eine Verkürzung der Wanderzeit um 45 Minuten zur Folge hat.
Vom Bahnhof steigt der Weg an zur Hochschule und auf den Rosenberg. Er folgt dann leicht fallend der Waldstrasse nach Erlacker und ins Dorf **Wittenbach.**

Die katholische Kirche St. Ulrich wurde 1675 nach den Plänen eines St. Galler Paters erbaut und später zweimal verlängert. Im barocken Chorraum steht ein Hochaltar aus der Bauzeit.

Nahe an der Kirche vorbei, die weit herum sichtbar auf einem Moränenhügel steht, geht es über flache Hügel auf und ab nach Oberlören. Rechts erkennt man dank seiner markanten Lage auf einem Hügel das Schloss Dottenwil. Es wurde 1530 errichtet, heute ist es Bürgerheim. Der Strasse entlang geht es weiter nach Unterlören. Hier ist der Weg Richtung Ruggisberg einzuschlagen, auf dem kurz nach dem Weiler Sittenhueb Thurgauer Gebiet betreten wird. **Ruggisberg** ist nicht nur wegen der aussichtsreichen Gartenwirtschaft des Gasthauses bekannt, sondern auch wegen der schönen Barockkapelle, die unmittelbar an der Kantonsgrenze auf dem Gebiet der Gemeinde Häggenschwil liegt.

Die Marienkapelle wurde 1683 von einem Abt aus Obermarchthal an der Donau aus Anlass des Sieges über die Türken am Kahlenberg bei Wien erbaut. Der Altar von 1684 zeigt eine Darstellung dieser Schlacht.

Im Bauerndorf **Watt** verzweigt sich der Weg: Näheres Ziel ist Arbon (1 Std. 25 Min.), doch lohnt sich die Fortsetzung der Wanderung nach Romanshorn.

Das Wanderziel Romanshorn

Kurz nach dem Dorf geniesst man von der Bahnüberführung aus einen schönen Blick über das eigentliche «Mostindien», wie das Gebiet der Gemeinden Roggwil und Egnach der vielen Obstbäume wegen genannt wird. In der Ferne ist auch der Bodensee mit dem Wanderziel Romanshorn zu erkennen.
Zwischen Hunderten von Obstbäumen und ausgedehnten Obstanlagen durch gelangt man auf Kiesstrassen und Feldwegen nach Esserswil und Hüslen, dann über den Hegibach nach Burketsuelishus. Dort wird im Nebengebäude des Restaurants eine Bildergalerie geführt. Über Moos und Brunnenhalden geht es weiter nach Stocken und Ringenzeichen. Auf einem alten, überwachsenen Feldweg, der früher als Schulweg viel häufiger begangen war, kommt man zum Weiler Buech.
Nach einem kurzen Stück der Staatsstrasse entlang zweigt man ab und gelangt am neuen Behindertenheim vorbei zum Bahnhof **Egnach.** Dort fallen die ausgedehnten Gebäude der Obstverwertungs-Genossenschaft auf, welche die grossen Obstmengen der Region zu Tafelobst, Most oder Spirituosen verarbeitet. Bei der Verzinkerei, dem zweiten grösseren Betrieb der Gemeinde, überquert man die Bahnlinie und stösst auf den Seeweg, der von Arbon nach Romanshorn führt. Nur von ferne ist das Schlösschen Luxburg (Seite 30) zu sehen. Der Bahnlinie entlang erreicht man am Naturschutzgebiet bei der Werft vorbei den Hafen und den Bahnhof von **Romanshorn** (Seite 31).

Karten:	1 : 50 000	Thurgauer Wanderkarte
	1 : 25 000	Wanderkarte St. Gallen und Umgebung
		Blatt 1055 Romanshorn
		Blatt 1075 Rorschach

17. Durchs Aachtal

Vom Bodensee dem Südhang von Aach- und Thurtal entlang nach Weinfelden. Erster Abschnitt der Mittellandroute Romanshorn – Genf.

Romanshorn – Weinfelden

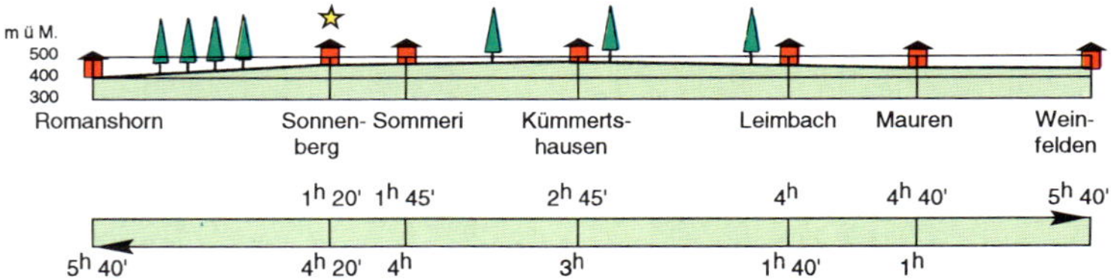

Von **Romanshorn** (Seite 31) verlaufen die Routen 17 und 15 zusammen bis zum Reservoir im Neuwald (Eichenwald und Reservoir Seite 44). Auf schattigen Waldwegen gelangt man über Chatzenrüti zum Schulhaus Sonnenberg, in dem ab 1763 die erste Lehrerin des Kantons unterrichtete. Hier geniesst man einen schönen Ausblick nach Amriswil und zum Alpstein. Am prächtigen Riegelhaus «Zum rote Öpfel» vorüber geht es weiter nach **Hefenhofen** (Seite 48) und **Sommeri**.

Die Kirche aus der ersten Hälfte des 15. Jahrhunderts mit den farbigen Turmziegeln steht an guter Aussichtslage über dem Aachtal. Sie ist seit der Reformation paritätisch und war bis 1687 auch Kirche für Amriswil. Das Innere ist mit einem Sternengewölbe und Zwickelornamenten geschmückt.

Auf kleinen Feldwegen erreicht man **Kümmertshausen**.

Einige schöne Riegelbauten aus dem 16.–18. Jahrhundert sind erhalten geblieben, wenn auch zum Teil mit verdeckten Fassaden.

Der Weg nach **Guggenbüel** führt durch das kleine Tobel des Tobelbaches, der hier schön mäandriert, wie man es nur noch bei sehr wenigen Bächen beobachten kann.

Guggenbüel hat leider sein Wahrzeichen verloren. Ein kleines Schlösschen, in dem der spätere Seminardirektor Joh. Jak. Wehrli in den zwanziger Jahren des 19. Jahrhunderts eine landwirtschaftliche Schule betrieben hatte, wurde vor einigen Jahren abgebrochen.

Über weite Felder und durch ein weiteres kleines Bachtobel erreicht man **Leimbach**.

1845 begann hier Joachim Etter mit der Teigwarenfabrikation, die wegen der beim Eisenbahnbau beschäftigten italienischen Arbeiter florierte. Wegen der

Unterhard

schlechten Verkehrslage wurde der Betrieb später geteilt und nach Amriswil und Weinfelden verlegt. Abseits des Wanderweges, im Westen des Dorfes, liegt die Anlage des abgebrochenen Jugendstilschlosses Aspen.

Über Ober-Opfershofen, das früher den viel schöneren Namen «Butzenloch» getragen hat, gelangt man zur Staatsstrasse Bürglen – Berg und weiter nach **Mauren.**

Der Name stammt von römischen Mauerresten, welche durch Grabungen bestätigt wurden. Das Sonderschulheim, an dem der Wanderweg vorbei führt, war früher eine «Stickfabrik», die im letzten Jahrhundert Verdienst ins Dorf brachte, 1894 aber in Konkurs ging.

Dem Fuss des Ottenberges entlang geht es nun nach Unterhard, einer kleinen Siedlung mit schönen Riegelhäusern. Durch fruchtbare Felder erreicht man den Dorfrand von **Weinfelden.**

Das Dorf, einst den Kyburgern und später den Habsburgern gehörend, wurde 1614 Eigentum von Zürich. Nach dem Ende der Untertanenzeit versuchten engagierte Weinfelder, die politische Situation des Kantons zu verbessern. 1798 war es Paul Reinhart, der an die Thurgauer appellierte, und 1830 erreichte Thomas Bornhauser mit seinem Aufruf, dass eine neue Verfassung in Angriff genommen wurde. Weinfelden wurde zwar nicht Hauptort, aber im Rathaus tagt noch heute der Grosse Rat während der Sommermonate. In der Nähe des Rathauses sind viele schöne Riegelhäuser erhalten geblieben.
Die Thurgauer Kantonalbank hat in Weinfelden ihren Hauptsitz. Durch die gute Verkehrslage begünstigt, entstanden zahlreiche Industrien, Gewerbebetriebe und Schulen. Die Rebberge am Ottenberg liefern einen guten Landwein.

Karten:	1 : 50 000	Thurgauer Wanderkarte
	1 : 25 000	Blatt 1054 Weinfelden
		Blatt 1055 Romanshorn

Märstetten

Mitelthurgau

18. Zum Wertbühl

Einfache, schöne Tageswanderung über die Anhöhen links der Thur zum historischen Kirchlein Wertbühl. Höhenwanderung zwischen Thur- und Furtbachtal.

Bischofszell – Weinfelden

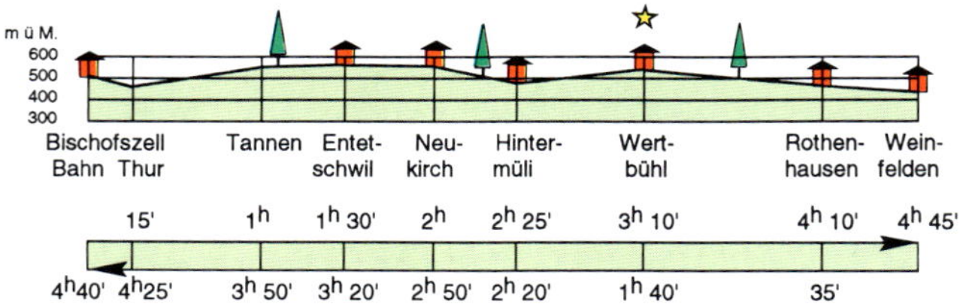

Der Beginn der Wanderung durch das Städtchen **Bischofszell** (Seite 52) kann sehr gut zu einem lohnenden Stadtrundgang ausgeweitet werden. Die Markierung führt den Wanderer vom Bahnhof durch den Bogenturm in die Marktgasse und weiter durch die Kirchgasse zum Schloss und zur Hofkirche. Bei der Papierfabrik, welche durch einen Kanal mit Wasser versorgt wird, gelangt man zur Krummen Brücke.

Diese Steinbrücke wurde im Jahr 1487 gebaut. Weil die nötigen Felsauflagen im Flussbett nicht in einer Geraden liegen, verläuft die Brücke in einer Zickzack-Linie. Das aus Sandstein- und Tuffquadern bestehende Bauwerk verursachte immer wieder hohe Unterhaltskosten, welche bis zum Jahr 1798 zu Streitigkeiten über die zu erhebenden Brückenzölle führten. Bis 1953 musste die nur einspurig befahrbare Brücke den ganzen Verkehr bewältigen. Sie wurde nach dem Bau der neuen Strassenbrücke in ihrem ursprünglichen Zustand restauriert und unter Bundesschutz gestellt.

Unmittelbar nach der Brücke folgt der Weg dem Thurufer zum Schloss Chatzensteig, das einst zur erweiterten Befestigung Bischofszells gehört haben soll. Bis zum Weiler Tannen, wo man das Hochplateau erreicht, muss die Strasse benützt werden. Hier beginnt ein abwechslungsreicher Abschnitt mit Waldpartien, offenen Wiesen- und Ackerflächen und landwirtschaftlichen Siedlungen. Entetschwil, auf der Kantonsgrenze Thurgau – St. Gallen gelegen, und Aspenrüti mit einem sehr schönen Riegelhaus sind die grösseren Weiler am Weg nach **Neukirch an der Thur** (Seite 51). Am Tagungszentrum Heim Neukirch vorbei, das einst von Fritz Wartenweiler gegründet wurde, verlässt man das Dorf. Ein Feldsträsschen führt zum grossen Tobel des Rütibaches. Auf steilem, gut ausgebautem Weg steigt man zum Bach ab und folgt ihm zur **Hintermüli**.

Wertbühl

Der 1993 renovierte dicht geriegelte Fachwerkbau der Wirtschaft wurde im 18. Jahrhundert erstellt, wahrscheinlich etwa gleichzeitig mit der Mühle. Diese war von 1773 bis etwa 1900 in Betrieb. Unmittelbar hinter dem Haus lag der Mühleweiher.
Die beiden Ruinen, Wunnenberg im Süden und Anwil im Norden, waren als Burgen im 13. oder 14. Jahrhundert gebaut worden. Von Wunnenberg stammte in jener Zeit gar eine Äbtissin des Fraumünsters in Zürich. Beide Burgen wurden von den Appenzellern zerstört, doch wurde sicher Anwil wieder aufgebaut und soll noch um 1800 bewohnt gewesen sein.

Der Weg führt weiter nach Metzgersbuhwil, das auf einem Schuttkegel liegt. Über Neuhus und Freihof erreicht man den aussichtsreichen Moränenhügel von **Wertbühl.**

Die Kirche Wertbühl stammt in der Grundsubstanz aus dem Jahr 1155 und gehörte zum Domkapitel Konstanz, wurde aber schon im 9. Jahrhundert erwähnt. Sie wurde in zwei Bauphasen vergrössert und mit einem neuen Turm versehen. Daneben stand eine Burg, von der nichts mehr erhalten ist.
Der Südhang des Hügels war noch im letzten Jahrhundert mit Reben bewachsen und soll einen begehrten Wein hervorgebracht haben.

Die neue Markierung verläuft über die «Egg», den Höhenrücken zwischen Furtbachtälchen und Thurtal. Die Moräne bietet eine entsprechend schöne Aussicht! Auf Feldwegen wird das Dorf **Rothenhausen** westlich umgangen, und kurz vor der Thurbrücke gelangt man auf die Hauptstrasse. Der Weg zum Bahnhof **Weinfelden** (Seite 63) ist neu entlang des Fabrikkanals und der Wellkarton-Fabrik Model markiert.

Karten:	1 : 50 000	Thurgauer Wanderkarte
	1 : 25 000	Blatt 1053 Frauenfeld
		Blatt 1054 Weinfelden
		Blatt 1074 Bischofszell

19. Auf den «Thurgauer Rigi»

Vom Thurtal über den Wertbühl und Schönholzerswilen auf den Nollen. Kürzester Aufstieg von Thurgauer Seite, auch als Abstieg gut geeignet.

Bürglen – Nollen

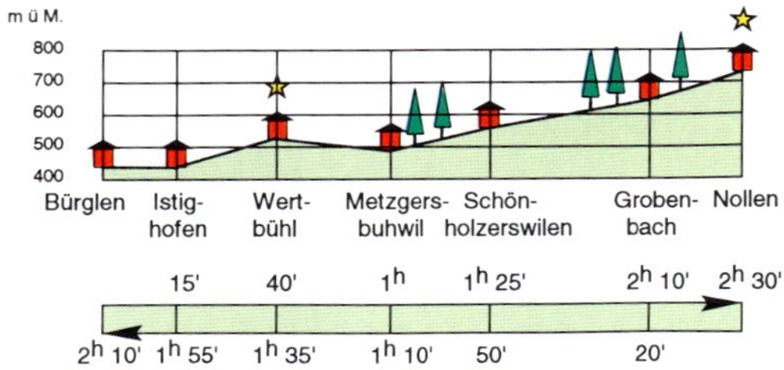

Der Ausgangsort **Bürglen** ist bekannt als Strassenknotenpunkt, doch sind auch geschichtlich interessante Tatsachen hervorzuheben.

Einige römische Funde belegen, dass Bürglen schon zu Beginn unserer Zeitrechnung bewohnt sein musste, doch fehlen genaue Angaben. Im Jahr 1176 ist der Name erstmals erwähnt. 1407 wurde das damalige Städtchen mit drei Gassen und einer Befestigung durch die Appenzeller zerstört. Das Schloss auf dem markanten Felsriegel bekam seine heutige Form im 17. Jahrhundert.
Wirtschaftliche Bedeutung erhielten die Textilindustrie, von der ein grosser Teil wieder verschwunden ist, und der Kiesabbau.
Die Besitzer der Mühle wurden 1176 und bei späteren Verkäufen zur Wuhrarbeit an der Thur und zu Unterhaltsarbeiten an der Brücke verpflichtet. 1903 wurde das alte Gebäude abgebrochen und durch einen Neubau mit Treppengiebel ersetzt. Die ersten Silos wurden gebaut, und schon 1906 errichteten die Besitzer ein Kraftwerk zur Stromerzeugung.

Nach **Istighofen** hinüber führt die Thurbrücke, welche eine interessante Entstehungsgeschichte hat.

Im Jahr 1790 hatte Istighofen den Wunsch, die Thurfähre durch eine Brücke zu ersetzen, doch hatte der Kanton dafür kein Geld. Nach langem Streit wurde 1836 eine Holzbrücke gebaut, die ein Privater zur Hälfte finanzierte! Erst nach Abschaffung der Brückenzölle im Jahr 1850 übernahm der Staat die Brücke. 1936 wurde sie durch die heutige Betonbrücke ersetzt.
Wichtigster Industriebetrieb Istighofens ist die Ziegelei, welche die Lehmvorkommen in Mettlen verarbeitet. Mehr als die Hälfte der Beschäftigten von Istighofen arbeitet hier.

Während des ersten Anstiegs gegen **Wertbühl** (Seite 67) lohnt es sich, gelegentlich einen Blick zurück auf die Thurebene zu werfen.
Beim Weiler Metzgersbuhwil steigt der Weg erneut an, bis man die Höhe von **Schönholzerswilen** erreicht hat.

Das Schiff der katholischen (kleineren) Kirche St. Markus stammt aus dem 13. Jahrhundert, der Chor aus dem 15. Die reformierte Kirche wurde 1714 nach Plänen von Ulr. Grubenmann errichtet. Das 1718 erbaute evangelische Pfarrhaus ist eines der schönsten Riegelhäuser im Kanton. Im Dorf sind weitere Riegelhäuser erhalten.
Vor 300 Jahren wurde dem Dorf Wilen, dessen bekanntester Bauer Schönholzer hiess, der neue Name zur Unterscheidung von gleichlautenden Ortsnamen gegeben.

Katholische Kirche Schönholzerswilen

Vom Dorf kann man auf einem nicht markierten Umweg durchs Itobel zum **Bruederloch** gelangen. Im Nagelfluhgestein befindet sich dort eine künstlich erstellte Höhle, deren Ursprung nicht geklärt ist. Ein Gang führt zu einigen Kammern, die wohl als Zufluchtsort gedient haben dürften.
Der markierte Weg führt weiter leicht ansteigend über Widenhueb nach Grobenbach, wo zwei gleich lange Routen auf den Nollen zur Auswahl stehen: In gerader Linie weiter durch den Sefiwald, die nur benützt werden kann, wenn in Hosenruck nicht geschossen wird, oder der Strasse entlang nach **Welfensberg** und von dort direkt auf den höchsten Punkt.

Die Kirche Welfensberg wurde 1708 anstelle einer kleineren Kirche erstellt, wobei Turm und Chor der alten übernommen wurden. 1929 stürzte dieser Turm ein und musste ersetzt werden.

Vom **Nollen** stehen mehrere Möglichkeiten für den Abstieg offen (Seite 89).

Karten:	1 : 50 000	Thurgauer Wanderkarte
	1 : 25 000	Blatt 1054 Weinfelden
		Blatt 1074 Bischofszell

20. Zum Schloss Altenklingen

Vom Bodensee an die Thur. Durch den ausgedehnten Tägerwiler Wald ins Chemmental und zum Schloss Altenklingen. Über Engwang zur N7 und durch die Thurebene nach Hasli.

Kreuzlingen – Müllheim / Wigoltingen

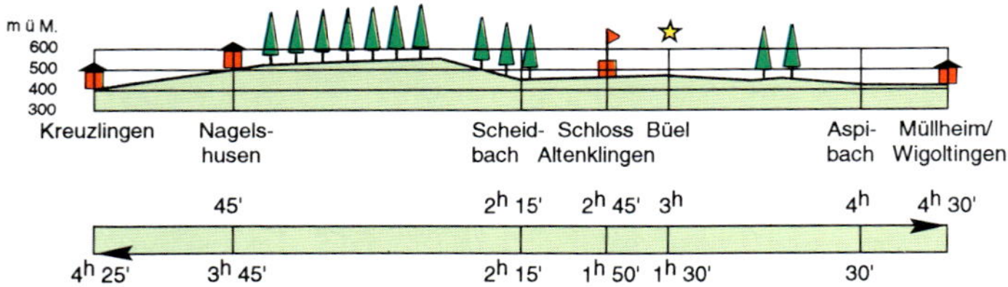

Der Wanderer folgt der Markierung vom Hauptbahnhof **Kreuzlingen** (Seite 33) nach Emmishofen und hinauf nach Granegg. Bis zum Wegweiser an der Lohstrasse verläuft der Schwabenweg auf der selben Route. Wer vom Bahnhof Kreuzlingen **Bernrain** auf die Wanderung durch die Stadt verzichten will, kann hier den Anschluss finden. Auf der Höhe des Viaduktes folgt der Weg der Bahnlinie, die beim **Schloss Girsberg** überquert wird.

Im Nebengebäude ist heute ein sehenswertes Puppenmuseum untergebracht. Ein spezieller Raum enthält eine kleine Sammlung über den legendären Grafen Zeppelin, der einige Zeit auf Schloss Girsberg gewohnt hat. Das eigentliche Schloss ist in Privatbesitz.

Über Nagelshusen erreicht man den Tägerwiler Wald, eine der grössten zusammenhängenden Waldflächen des Kantons. Fast eine Stunde ist man darin unterwegs. Nach dem Überschreiten der «Grünbrücke» über die Autobahn, die dem Wild den Wechsel in die abgetrennten Waldgebiete ermöglicht, wird nach einem kurzen Stück der Autobahn entlang der Wald verlassen und ins Chemmental gewechselt. Das Dorf Lippoldswilen wird entlang des Engwiler Tobels umgangen. An der Ruine Scheidbach vorbei gelangt man nach der Überquerung des Baches über Ziegelhütte zum **Schloss Altenklingen.**

Das Schloss, welches im Privatbesitz der Familie Zollikofer in St. Gallen steht, kann zwar nicht besichtigt werden, doch lohnt sich der imposante Anblick von aussen. 1586 gab Junker Leonhard Zollikofer aus St. Gallen nach dem Kauf der Anlage den Befehl, die mittelalterliche Burg aus der Zeit um 1200 abzubrechen. Diese hatte immerhin dem Angriff der Appenzeller im Jahr 1407 standgehalten! Er beauftragte einen Allgäuer Baumeister mit dem Neubau des heutigen Schlosses. Es besteht aus dem Grossen Schloss mit 13 Wohnräumen, dem Kleinen Schloss und der Kapelle. Eine ganze Anzahl Türmchen und die grosse Ringmauer

Schloss Altenklingen

wurden im letzten Jahrhundert abgebrochen. Von diesen Aussenanlagen ist einzig der Burggraben erhalten geblieben. Darin werden Damhirsche gehalten. 1982 wurde das Schloss einer umfassenden Aussenrenovation unterzogen.

Über Egelschhofen, wo die Möglichkeit besteht, die Wanderung durch die Variante nach Märstetten Station (40 Min.) abzukürzen, erreicht man den Aussichtspunkt Büel mit schönem Blick über das Thurtal und in die Alpen. Auf dem weiteren Weg nach Westen über bewaldete Hügel erreicht man wieder die Autobahn. Bei deren Bau entstanden am Aspibach Regenwasserklärbecken, die bereits heute wertvolle Biotope für Lurche und verschiedene Pflanzenarten sind. Durch eine Unterführung gelangt man in die Thurebene und durch äusserst fruchtbares Landwirtschaftsgebiet. Feldwege führen nach Hasli und zum Bahnhof Müllheim / Wigoltingen.

Wie fast alle Stationen der Thurtallinie liegt sie abseits der Dörfer. Erst im Laufe der Jahre entstand der Dorfteil Hasli, als Sitz der Firmen Zwicky und Vago heute von grosser wirtschaftlicher Bedeutung.

Karten:	1 : 50 000	Thurgauer Wanderkarte
	1 : 25 000	Blatt 1034 Kreuzlingen
		Blatt 1053 Frauenfeld
		Blatt 1054 Weinfelden

21. Schlösser über dem Untersee

Auf der Anhöhe über dem Untersee zum Napoleon-Schloss Arenenberg. Prächtige Sicht auf den See und geschichtlich interessante Schlösser.

Kreuzlingen – Arenenberg – Steckborn

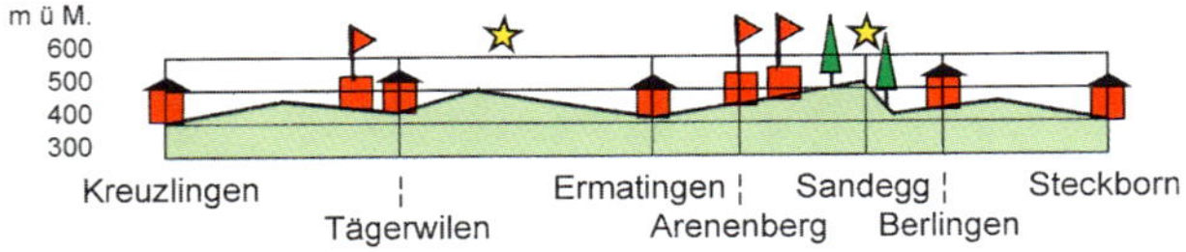

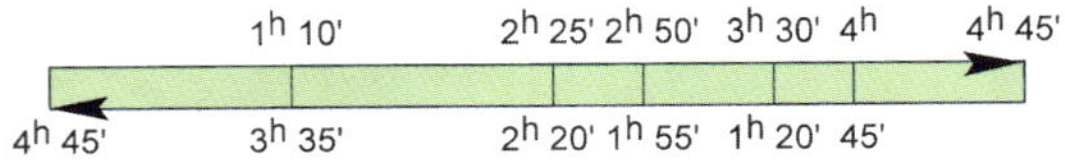

Vom Hauptbahnhof **Kreuzlingen** (Seite 33) oder von **Kreuzlingen Bernrain** folgt man bis **Schloss Girsberg** (Seite 70) der gleichen Route wie die Wanderung 20. Auf der Anhöhe über dem Schloss trennen sich aber die Wege. Nach kurzer Zeit erblickt man über dem Dorf Tägerwilen **Schloss und Ruine Castel**.

Die Burg Castel wurde um 1120 erbaut und im Schwabenkrieg 1499 zerstört. Das neue Schloss entstand 1585 in unmittelbarer Nähe der Ruine. 1725 wurde es erstmals umgebaut und hat seit 1890 die heutige Neurenaissance-Gestalt. Es ist in Privatbesitz und kann nur von aussen besichtigt werden.

Im oberen Dorfteil von Tägerwilen führt der Wanderweg an der alten Säge vorbei.

Diese wurde vor kurzem restauriert und kann zu Demonstrationszwecken wieder mit Wasserkraft betrieben werden. Im Dorf fallen einige schöne Riegelhäuser und alte Bürgerhäuser auf.

Über dem Dorf Triboltingen führt der Weg weiter Richtung Ermatingen, wobei nach einem kurzen Aufstieg dem «Wibergtöbeli» entlang die Geländekante mit schönem Seeblick erreicht wird. Das Dorf **Ermatingen** (Seite 35) wird auf kurzweiligen Nebenwegen durchquert und direkt das **Schloss Arenenberg** angegangen.

Von der Terrasse geniesst man eine herrliche Aussicht auf den Untersee und die Insel Reichenau. Ein Besuch lohnt sich aber auch im 1548 erbauten Schloss, in welchem sich das Napoleon-Museum befindet. Was hat aber der Thurgau mit Napoleon zu tun? Nicht der grosse Kaiser war es, der hier zu Hause war, sondern Prinz Louis, der spätere Kaiser Napoleon III. und seine Mutter Hortense, die Stieftochter Napoleons I. und Exkönigin von Holland. Diese hatte das Schloss 1817 erworben und hier gelebt. Der spätere Kaiser Napoleon III. war Thurgauer Ehrenbürger geworden und stand lange Zeit bei der Bevölkerung der Umgebung in sehr guter Erinnerung. Seine Person war schliesslich Anlass zum «Napoleon-

Schloss Arenenberg

handel», der beinahe zu einem Krieg zwischen Frankreich und der Schweiz geführt hätte! Friedlicher geht es heute in den neueren Gebäuden beim Schloss zu und her: Dort befindet sich seit 1906 die thurgauische Landwirtschaftsschule.

In **Salenstein** liegt etwas abseits vom Weg das Schloss mir dem auffallenden Treppengiebel. Die ältesten Bauteile stammen aus dem 11. Jahrhundert, doch wurde das Bauwerk mehrmals umgestaltet. Eine Reihe schön renovierter Riegelhäuser geben dem Dorf das Gepräge.
Durch das unerwartet wilde Rütelitobel gelangt man auf die «Ebni» unterhalb des Schlosses Eugensberg. Das in Privatbesitz stehende Schloss wurde 1821 für Eugène de Beauharnais, den Bruder der Exkönigin Hortense, gebaut. Bevor der Abstieg nach Berlingen in Angriff genommen wird, geniesst man von der Terrasse der ehemaligen Burg Sandegg nochmals den schönen Blick auf den Untersee. Das Schloss Sandegg ist 1833 abgebrannt. In Berlingen kann die Wanderung beendet werden, doch lohnt sich der Weg über den «Weissen Felsen» nach **Steckborn** (Seite 35) als Abschluss.

Wer zur Rückfahrt nach Kreuzlingen oder Stein am Rhein das Schiff wählt, erlebt die landschaftliche Schönheit des Untersees nochmals aus anderer Perspektive.

Karten:	1 : 50 000	Thurgauer Wanderkarte
	1 : 25 000	Blatt 1033 Steckborn
		Blatt 1034 Kreuzlingen

22. Abstieg vom Nollen

Abwechslungsreicher, schöner Weg vom Nollen zur Station Tobel/Affeltrangen an der Mittel-Thurgau-Bahn. Mit den Aufstiegsrouten von Amriswil, Bürglen oder Wil zu Tagestouren kombinierbar.

Nollen – Tobel / Affeltrangen

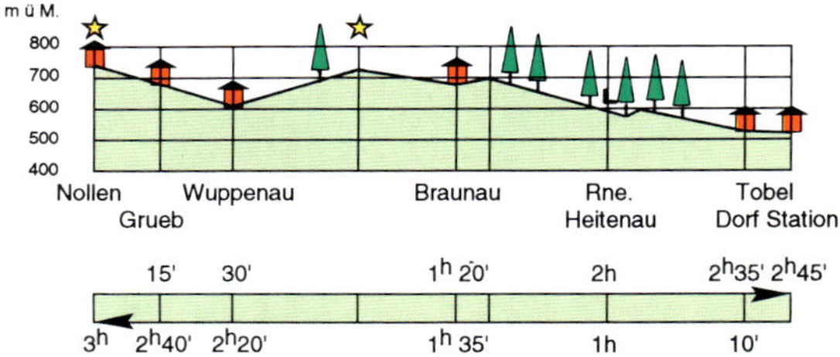

Vom **Nollen** (Seite 89) muss die Fahrstrasse durch die Allee nach Hosenruck (Seite 89) benützt werden. Auf dem breiten, aussichtsreichen Grat, der die Fortsetzung des Nollens bildet, gelangt man auf dem Strässchen nach Grueb. Dort beginnt der direkte Abstieg nach **Wuppenau.**

Das im alten Zürichkrieg 1445 von österreichischen Truppen niedergebrannte Dorf erhielt 1897 eine neugotische Kirche, deren Turmstock vom Ende des 17. Jahrhunderts übernommen wurde. Einige schöne Ständerbauten zeugen vom früheren Wohlstand: Die Gasthäuser «Zum Bären» mit einem Schild von 1678 und «Zum Sternen» aus dem Jahr 1658 sind mächtige Giebelhäuser. Wuppenau ist weitgehend Bauerndorf geblieben.
Nördlich des Dorfes ist quer durch das Tal ein alter Damm zu sehen, der von der Strasse durchbrochen wird. Hier war einst ein grosser Weiher künstlich aufgestaut worden, der als Fischteich diente. Der Flurname «Weier» ist geblieben.

Der Anstieg am anderen Talhang führt über die Fahrstrasse nach dem Weiler Greuterschberg und weiter auf die Anhöhe bei Ober Heid, wo ein letzter Blick auf den Nollen und zum Alpstein geworfen werden kann. Auf neuen Flurstrassen, die teilweise bei der kürzlichen Güterzusammenlegung entstanden sind, erreicht man **Braunau.**

Das Dorf gehörte vom 13. Jahrhundert bis 1798 zur Komturei Tobel.
Sehenswert ist die Kapelle St. Michael, ein spätromanischer Bau mit kleinem, quadratischem Chor und einem Dachreiter.

Nach kurzem Anstieg zum Ausläufer der Braunauer Höhe geht es hinunter nach Oberhusen, wo die Strasse überquert wird. Kurz nach dem Eintritt in den Wald trifft man auf den Wegweiser, der als Standort die Ruine **Heitenau** nennt.

Der Nollen von der Anhöhe bei Ober Heid

Eigentlich ist es nur ein Burgplatz, denn die oberirdischen Teile sind praktisch restlos abgetragen worden. Aus den Steinen sollen der Hof Oberhusen, das Schulhaus Braunau und eine Bachverbauung erstellt worden sein.
Die Burg gehörte den Herren von Toggenburg und ist in Urkunden von 1209 nachgewiesen. Nach dem Brudermord (siehe unter Tobel) wurde sie 1275 an die Komturei Tobel übergeben und zerfiel dann bald.

Nach der Überquerung des Hartenauer Baches fällt der Weg leicht ab gegen das Dorf **Tobel.** Oberhalb der alten Komturei und an der Kirche vorbei wird das Dorf in Richtung Bahnhof Tobel/Affeltrangen durchwandert.

Die ehemalige Komturei Tobel war als Niederlassung des Johanniter-Ordens 1228 gestiftet worden. Damit wurde der Brudermord im Haus Toggenburg gesühnt, welcher sich auf Schloss Rengerswil bei Wängi abgespielt hatte.
Die zur Komturei gehörende Kirche wurde 1706 abgebrochen und am heutigen Standort neben dem alten Wehrturm neu errichtet. Dieser wurde zum Kirchturm und erhielt einen Käsbissenaufsatz. Die Kirche wurde seither mehrmals umgebaut.
Im 17. Jahrhundert stürzte ein Teil der Komturei-Gebäude ein, und 1744 mussten sie vollständig neu aufgebaut werden. Nach der Klosteraufhebung im Jahr 1809 dienten die Gebäude bis 1973 als thurgauische Strafanstalt. Seither wird nach einem neuen Verwendungszweck gesucht, doch scheiterte in einer Volksabstimmung der Versuch, darin ein Bauernmuseum einzurichten.

Karten:	1 : 50 000	Thurgauer Wanderkarte
	1 : 25 000	Blatt 1073 Wil
		Blatt 1074 Bischofszell

23. Über den Seerücken

Ausgedehnte Wanderung von der Mittel-Thurgau-Bahn an den Untersee. Meist durch den Wald, daher als Sommerwanderung gut geeignet. Bei klarem Wetter schönste Sicht bis weit in die Alpen und auf den Untersee.

Siegershausen – Steckborn

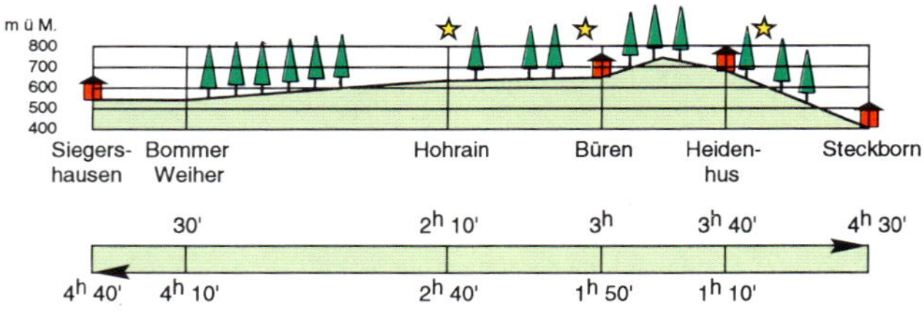

Beim Bahnhof **Siegershausen** (Seite 59) verlässt der Wanderweg nach wenigen Metern die Strasse und verläuft auf einem Feldweg nach **Bommen.** Dieser Weiler, noch heute fast reines Bauerndorf, hat den beiden Weihern den Namen gegeben. Diese sind wegen ihrer Grösse und dem reichen Bestand an Vögeln und Pflanzen ein beliebtes Naherholungsgebiet der Stadt Kreuzlingen. Sie stehen unter Naturschutz.

Die Bommer Weiher waren ursprünglich als Fischgewässer für die Konstanzer Bischöfe angelegt worden und blieben bis 1820 im Besitz des Spitalamtes Konstanz. Vom 16. Jahrhundert an trieb ihr Wasser eine Mühle in Ellighausen an, die bis 1865 in Betrieb war.

Der Weg führt nun durch den Wald nach **Schwaderloh,** wo die neue Autobahn die Landschaft wesentlich verändert hat.

Hier kreuzt man den Schwabenweg (Seite 130), jenen mittelalterlichen Pilgerweg nach Santiago in Spanien, der 1991 auf Thurgauer Gebiet markiert wurde. Die zwei ehemaligen Gasthöfe Löwen und Bären waren Pilgerherbergen.
Der Name Schwaderloh ist bekannt durch eine Schlacht im Schwabenkrieg, die 1499 nördlich des Waldes, oberhalb Triboltingen, stattgefunden hat.

Über eine Brücke kann ohne Umweg der Neuwiler Wald erreicht werden, der erst bei **Wäldi** kurz verlassen wird. Das Dorf nördlich umgehend, erreicht man dem Waldrand entlang Hügel und Weiler **Hohrain.** Auf dem höchsten Punkt steht heute ein Sendemast.

Auf dem Umschlag des Buches «Gemälde der Schweiz, der Kanton Thurgau» von J. A. Pupikofer aus dem Jahr 1837 ist ein hölzerner Aussichtsturm dargestellt, der an dieser Stelle stand. Im Text heisst es dazu: «Eine Aktien-Gesellschaft hat 1830 hier einen hölzernen Thurm gebaut, dessen oberstes Stockwerk eine der schönsten Rundsichten darbietet.... Wer die Aussicht auf dem Hohen Rain bei günstiger Beleuchtung gesehen hat, wird sie unter die schönsten und ausgedehntesten der Schweiz zählen.» Ein neuer Besitzer wollte 1855 daneben sein Haus bauen. Da ihm dies verweigert wurde, verlor er das Interesse am Turm und liess ihn abbrechen!

Herbst am Bommer Weiher

Zwischen Helsighausen und dem nächsten Waldstück hat man nochmals einen schönen Blick über das Thurtal hinweg. Es folgt der letzte Aufstieg ins Bürer Holz, wo der Weg nahe am höchsten Punkt des Seerückens (721 m ü. M.) vorbeiführt. Das auf dem flachen Hochplateau gelegene Doppeldorf Salen-Reutenen ist weitgehend Bauerndorf geblieben. Seine Schule wurde 1977 geschlossen, deshalb sind die Bewohner seither vermehrt nach Steckborn ausgerichtet.
Der Wanderweg umgeht das Dorf südlich. Erst kurz vor dem Wirtshaus **Heidenhus** verlässt man den Wald.

Im Winter wird hier bei genügend Schnee eine Langlaufloipe gelegt, die wegen der kurzen Anfahrtswege vom Untersee und aus dem Thurtal gern besucht wird.

Auf dem Abstieg zum Untersee, der wieder grösstenteils durch den Wald führt, bietet sich erstmals nach dem Verlassen des Heidenwaldes die Aussicht auf den See und die Halbinsel Höri.
In **Steckborn** (Seite 35) stehen Zug, Postauto und Schiff für die Rückfahrt zur Verfügung.

Karten:	1 : 50 000	Thurgauer Wanderkarte
	1 : 25 000	Blatt 1033 Steckborn
		Blatt 1053 Frauenfeld
		Blatt 1054 Weinfelden

24. Über den Wellenberg

Aufstieg aus dem Thurtal auf den am Nordhang bewaldeten Wellenberg. Durchquerung des Thunbachtals und über den Ausläufer des Imenberges ins Lauchetal.

Felben/Wellhausen – Tobel/Affeltrangen

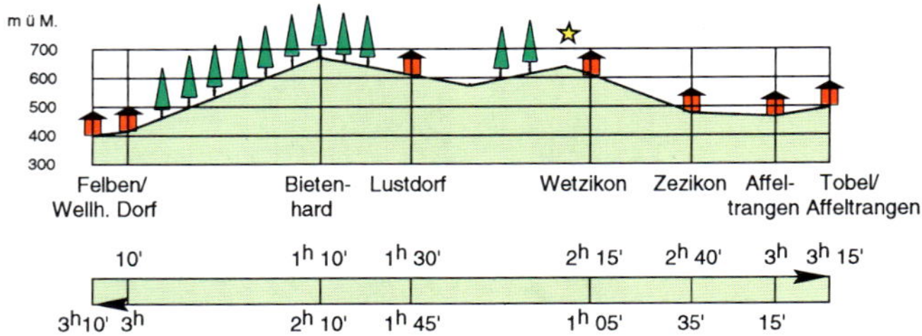

Ausgangspunkt ist die Station **Felben/Wellhausen,** wo zuerst der Weg zum Dorf **Wellhausen** eingeschlagen werden muss.

Hier fällt sofort das stattliche Gerichtshaus aus dem Jahr 1676 mit dem Treppengiebel auf. Das Schul- und Gemeindehaus mit dem Dachtürmchen stammt von 1850 und ist in verspieltem Spätbiedermeier gebaut. Jenseits des Wellenberger Tobels, das unter Naturschutz steht, thront das Schloss Wellenberg. Im 13. Jahrhundert war es Sitz der Herren von Wellenberg, später wurde es von verschiedenen Adelsfamilien bewohnt, bevor es 1669 Sitz des Zürcher Vogtes wurde. Seit 1815 ist es in Privatbesitz und kann daher nicht besichtigt werden.

In regelmässiger Steigung geht es vom Dorf durch den Wald hinauf bis auf die Höhe des langgezogenen Bergrückens, der das Thurtal im Süden begrenzt. Auf der Hochebene von Bietenhard wurde an einem kleinen Weiher ein Picknickplatz eingerichtet, an dem der Wanderweg vorbeiführt.
Der Abstieg ins Thunbachtal ist sanft, liegt doch **Lustdorf** fast 200 Meter höher als der Ausgangspunkt Wellhausen.

Lustdorf, schon 1275 erstmals erwähnt, ist vorwiegend Bauerndorf geblieben. Auffällig ist der aus Natursteinen errichtete Kirchturm, der um 1500 erbaut wurde und 1839 das Käsbissendach erhielt. Das Kirchenschiff wurde 1876 erneuert.

Am Homberg vorbei, einem markanten Hügel mitten im Tal, führt der Wanderweg nach Guggenbüel und an den Altbach. An dessen Lauf liegen einige kleine, künstlich erstellte Weiher. Der Aufstieg zum Ausläufer des Imenberges ist harmlos, beträgt die Höhendifferenz doch kaum 100 Meter. Dennoch führt er an den Rand des Abbruchs ins Lauchetal, an dem westlich des heutigen Hofes Spiegelberg einst die gleichnamige Burg stand. 1811 soll aus ihren Steinen das Pfarrhaus von Lustdorf gebaut worden sein.

Lustdorf

Weiter geht es durch das Dörfchen **Wetzikon,** das auf dem Hochplateau am Ostfuss des Imenberges liegt. Bei klarem Wetter bietet sich hier ein herrliches Alpenpanorama.
Der weitere Abstieg führt teilweise etwas steil am Rand des Wilderentobels entlang nach **Zezikon** hinunter.

Zezikon kann auf eine über 1100jährige Geschichte zurückblicken. Die erhaltenen Weinkeller im Dorf deuten darauf hin, dass am Abhang des Imenberges in früherer Zeit Rebbau betrieben wurde.

Für kurze Zeit folgt der Weg der Lauche und trifft südlich von Bollsteg auf den Schwabenweg. Während dieser **Affeltrangen** westlich umgeht, führt der Wanderweg ins Dorf hinein.

Affaltrawanga, das Feld der Apfelbäume, hiess der Ort schon im Jahr 779. Besonderes Kennzeichen des Dorfes ist der Turm der evangelischen Kirche mit der hohen, schlanken Spitze. Die Ursprünge der Kirche liegen im 13. Jahrhundert. Das ehemalige Bauerndorf wurde zu Beginn des 19. Jahrhunderts zu einem Zentrum der Stickerei, später wurde eine Umstellung auf Strumpf- und Trikotherstellung nötig. Nach 1912 brachte die Mittel-Thurgau-Bahn einigen Aufschwung.

Hier kann das Postauto nach Matzingen – Aadorf bestiegen werden. Ab der Station Tobel/Affeltrangen, die südlich des Dorfes liegt, kann man nach Wil oder Weinfelden gelangen.

Karten:	1 : 50 000	Thurgauer Wanderkarte
	1 : 25 000	Blatt 1053 Frauenfeld
		Blatt 1073 Wil

25. Fernsicht vom Stälibuck

Zwischen Thur und Lauche über den Wellenberg. Gerade Verbindung von Weinfelden nach Frauenfeld. Interessante Bauwerke, ein Aussichtsturm und wenig Hartbelag.

Weinfelden – Frauenfeld

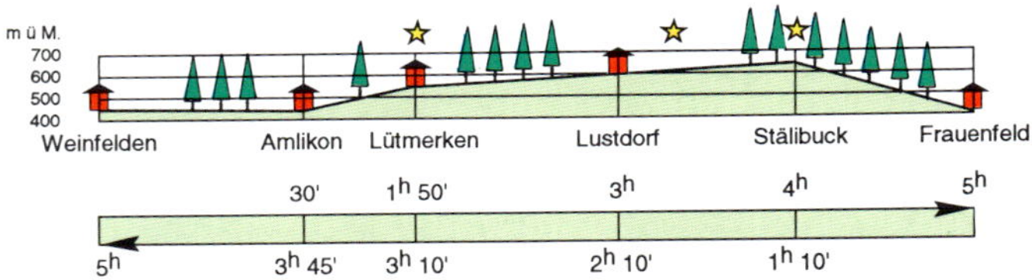

Vom Südausgang der Unterführung im Bahnhof **Weinfelden** (Seite 63) ist der Weg der MThB-Linie entlang markiert. Beim Käselager gelangt man auf freies Feld und an der Kläranlage vorbei auf den Kanalweg. Durch den Auwald und dem Giessen entlang erreicht man die Brücke von **Amlikon.**

Seit den Pilgerreisen auf dem Schwabenweg war der Thurübergang bei Amlikon, damals natürlich noch eine Fähre, eine Schlüsselstelle des Verkehrs. Die Tagsatzung erteilte im Jahr 1727 der Gemeinde Amlikon die Erlaubnis, eine Brücke zu bauen und dafür einen Zoll zu erheben. Der Adlerwirt hielt auch Pferde für einen «Vorspann» bis auf die Anhöhe von Junkholz bereit. 1821 wurde die zu schwach gewordene alte Brücke durch eine gedeckte ersetzt, die aber 1910 bei einem Hochwasser einstürzte. Der Staat befreite die Gemeinde von den finanziellen Sorgen und erstellte 1912 eine Eisen- und 1996 eine Betonbrücke.
Amlikon weist vor allem am Dorfplatz schöne Riegelbauten auf. An der Thur unterhalb des Dorfes wird ein Segelflugplatz betrieben.

Der Wanderweg steigt an nach **Lütmerken.** Unterwegs weist der Name des Hofes Altenburg darauf hin, dass hier die Vorgängerburg des Schlosses Griesenberg stand, die 1288 von den habsburgischen Truppen zerstört wurde.

Die kleine paritätische Kirche Lütmerken ist erstmals 1275 erwähnt und weist romanische Grundmauern auf. 1462 wurde sie erneuert, 1556 der Turm erstellt und 1634 der Oberteil des Schiffes neu aufgebaut.

Dort, wo der Wanderweg nach Weierhüsli abzweigt, steht am Wegrand eine alte, kleine Kapelle.

Ein Abstecher nach **Griesenberg** lohnt sich. Bei Restaurierungsarbeiten am spätbarocken Verwaltungsbau kam eine «Trülle» zum Vorschein. Für kleine Vergehen wurden die Schuldigen bestraft, indem sie in den Eisenkäfig gesperrt und gedreht wurden. Das Schloss Griesenberg ist nicht erhalten.

Über Holzhof gelangt man zum jungen Tuenbach, der hier zu einem Weiher gestaut ist, und bald darauf nach **Lustdorf** (Seite 78). Ein kurzer Aufstieg über die Egg führt auf den Höhenrücken, von dem sich der Blick ins Tuenbachtal und weit darüber hinaus öffnet und an dessen Ende der Stälibuck liegt. Thundorf und der Ortsteil **Chirchberg** werden aus der Höhe betrachtet.

Die Kirche St. Peter von Chirchberg weist ein beträchtliches Alter auf: Chor und Schiff wurden 1484 erstellt und später zweimal verlängert, der Turm stammt von 1519 und wurde 1702 erhöht.

Der Stälibuckturm

Auf der letzten bewaldeten Kuppe, dem **Stälibuck,** wurde im Jahr 1908 ein Aussichtsturm erstellt, der bei klarem Wetter eine herrliche Rundsicht bietet: Thurtal, Seerücken, Alpstein und beträchtliche Teile der Alpen können bei klarem Wetter ebenso überblickt werden wie das Wanderziel Frauenfeld und das Murgtal bis zum Hörnli.

Der Abstieg nach **Frauenfeld** (Seite 106) verläuft zuerst durch den Wald bis in die Nähe von Obholz. Dort teilt sich die Route. Es kann gewählt werden zwischen dem Weg durch die höher gelegenen Wohnquartiere zum Bahnhof Frauenfeld Stadt an der FWB und dem reizvolleren Mülitöbeliweg zum Bahnhof SBB. Über einem kleinen Rebberg erkennt man das Guggenhürli, einen reizenden Riegelbau mit einem Türmchen. Er wurde 1720 erstellt und war im letzten Jahrhundert Landsitz des berühmten Ministers Kern. An der alten Kaserne vorbei erreicht man den Bahnhof.

Karten:	1 : 50 000	Thurgauer Wanderkarte
	1 : 25 000	Blatt 1053 Frauenfeld
		Blatt 1054 Weinfelden

26. Von der Thur zum Schloss Sonnenberg

Sanfter Aufstieg aus dem Thurtal auf den Imenberg. Über dem Lauchetal zum interessanten Schloss Sonnenberg mit schöner Aussicht. Recht steiler Abstieg an die Murg.

Weinfelden – Matzingen

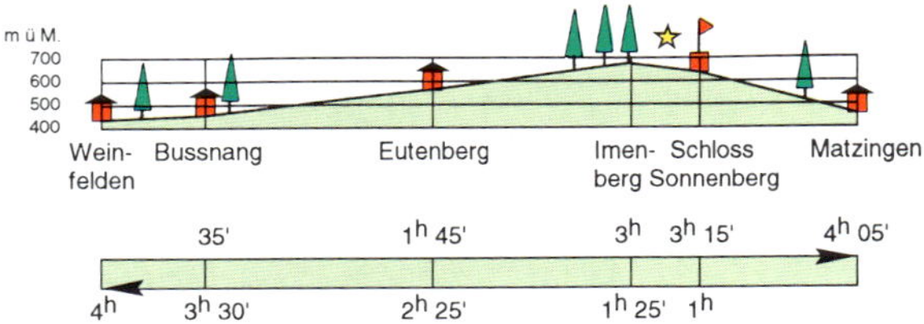

Vom südlichen Ausgang des Bahnhofs **Weinfelden** (Seite 63) geht man am Berufsbildungszentrum vorbei, weiter durch das Areal der Firma Model und gegen die Fohlenweide. Dort kann die Thur auf dem «Ganggelisteg» (Foto Seite 87) überschritten werden.

Diese 120 m lange Hängebrücke wurde 1882 durch die «Eisengiesserei und Façonschmiede Romanshorn» erstellt. Bezahlt wurde sie vom Staat, den anstossenden Gemeinden, Firmen und Privaten, wobei sich die Gemeinde Weinfelden mit 1000.– Fr. von jeglicher Unterhaltspflicht loskaufte! Trotzdem leistete sie einen Beitrag an die Erneuerung im Jahr 1979.

Nach einem kurzen Aufstieg entlang eines privaten Vogelgeheges erreicht man das Dorf **Bussnang.** Die Wanderung kann dank der MThB auch erst hier oder in Oppikon begonnen werden.

Die evangelische Kirche wurde 1423 gebaut und der Turm 1694 erhöht. Später erfolgte eine Erweiterung des Schiffes. Die katholische Kirche mit dem runden Turm wurde 1936 erstellt. Beide Kirchen liegen dominant auf dem Hügelrücken, dessen Südhang bis im letzten Jahrhundert mit Reben bewachsen war. Bemerkenswert ist das grosse Viadukt der Mittel-Thurgau-Bahn.

Nach dem Durchschreiten des Furtbachtälchens wird in neuerlichem Anstieg die Hochebene des Bauerndorfes **Oppikon** erreicht. In **Holzhüseren** kreuzt man den Schwabenweg und wendet sich weiter gegen Westen. Bänikon, Eutenberg und Batlihusen sind die nächsten Weiler am Weg. Ein weiterer Anstieg nach **Wetzikon** (Seite 79) ermöglicht einen weiten Rundblick ins Lauchetal. Vorbei am Burgplatz der ehemaligen Burg Spiegelberg zieht sich der Weg gegen den Imenberg. Knapp unter dem höchsten Punkt beginnt er sich dann gegen das **Schloss Sonnenberg** zu senken.

MThB-Viadukt Bussnang

Das erstmals im Jahr 1242 erwähnte Schloss musste nach einem Brand 1595 neu errichtet werden. Seit 1678 ist es eine Statthalterei des Klosters Einsiedeln. Dank der vorzüglichen Lage wird der imposante Treppengiebelbau mit den Erkertürmen und dem zwiebelbehelmten Mittelturm von weit her gesehen. Der vorgelagerte «Zwinger» dient heute als aussichtsreiche Gartenwirtschaft. Die Umbauung schliesst einen Hof ein, in dem sich die Treppe in die oberen Geschosse um einen Mittelpfeiler windet. Im ersten Stock befindet sich der reich mit Stukkaturen und Malereien geschmückte Prunksaal. Daneben ist die Schlosskapelle mit einem Altar aus dem 18. Jahrhundert. Im Jahr 1993 suchte das Kloster Einsiedeln wegen der hohen Unterhaltskosten einen Käufer für das Schloss.

Vom Vorplatz des Ökonomiebetriebes führt der Wanderweg durch den neuen Rebberg des Schlosses talwärts nach **Stettfurt.** Früher war der ganze Hang mit Reben bewachsen, doch mussten 1908 wegen der Reblaus alle Weinberge gerodet werden.

Die mehrmals modernisierte reformierte Kirche von Stettfurt wurde 1746 erbaut. Taufstein und Kanzel stammen aus der Bauzeit. Der Dorfplatz ist geprägt von schönen Riegelhäusern und dem stattlichen Pfarrhaus von 1750, dem Mesmer- und dem Schulhaus sowie dem Herrschaftshaus Bachmann aus dem Jahr 1809. Das Gasthaus zur Kreuzstrasse stammt von 1777.
Bedeutendster Industriebetrieb des Dorfes ist seit 1902 die Presshefefabrik.

Über die Lauche führt der Weg zum Routenziel **Matzingen** (Seite 121).

Karten:	1 : 50 000	Thurgauer Wanderkarte
	1 : 25 000	Blatt 1053 Frauenfeld
		Blatt 1054 Weinfelden
		Blatt 1073 Wil

27. Über Ottenberg und Seerücken zum Untersee

Anspruchsvolle Wanderung in wechselnder Landschaft: Bewaldete Höhen, fruchtbare Felder, liebliche Ufer. Schöne Aussicht ins Thurtal, ins Chemmental und auf den Untersee.

Weinfelden – Ermatingen

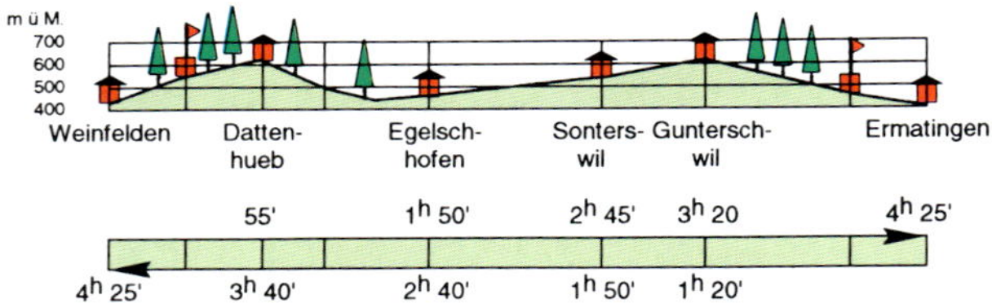

Vom Bahnhof **Weinfelden** (Seite 63) erblickt man am Abhang des Ottenberges bereits die helle Fassade des Schlosses. Am Weg steht oben im Dorf die «Schwärzi»,

ein heute als Schulhaus dienendes wuchtiges Haus. Der 1555 errichtete Bau war früher von Mauern und Ecktürmchen umgeben. Heute beeindruckt die Riegelbauweise des Obergeschosses mit dem mächtigen Walmdach. Der Unterbau besteht aus massiven Steinmauern.

Der Aufstieg führt zuerst bei der reizvollen Häusergruppe Tobel durch einen Hausdurchgang. Über längere Treppenanlagen durch ein Bachtobel, das sogar einige Nagelfluhstufen aufweist, steigt man weiter zum **Schloss** Weinfelden.

Auf einem Felssporn des Ottenberges über den Rebbergen gelegen, wirkt das Schloss vor allem aus der Ebene durch seine kühne Lage. Von der Bergseite her war es durch einen Graben mit einer Zugbrücke gesichert. 1180 war es Sitz der Herren von Weinfelden, doch wurde es später mehrmals verkauft. Unter den verschiedenen Besitzern waren die berühmten Fugger aus Augsburg. Von 1614 bis 1798 hatte hier der Zürcher Obervogt seinen Sitz und dokumentierte damit seine Macht über das Untertanengebiet.
Eine Renovation der ganzen Anlage von 1973 bis 1978 wurde nur möglich, weil ein Privater die Anlage erworben hatte und beträchtliche Mittel investierte. Besichtigungen sind auf Anfrage bei Telefon 071 / 622 18 22 möglich.

Nach einem weiteren Aufstieg wird das in dieser Höhe kaum erwartete Biotop «Tätsch» mit beträchtlicher Wasserfläche und gut eingerichtetem Picknickplatz erreicht. Wo der Wanderweg den Wald verlässt, zweigt eine Strasse zum Restaurant **Thurberg** ab, das auf einer Aussichtsterrasse über dem Thurtal liegt.

Der Thurberg war schon in vorgeschichtlicher Zeit besiedelt. Funde aus der Steinzeit, der Bronce-, Hallstatt- und Römerzeit, welche auf dem Burghügel neben dem Gasthaus gemacht wurden, belegen eine fast durchgehende Besiedelung.

Chlingermüli und Schloss Altenklingen

Kurz bevor sich der Weg gegen Dattenhueb zu senken beginnt, steht an der letzten Waldecke der Gedenkstein für Alfred Etter, den grossen Förderer und langjährigen Betreuer der Thurgauer Wanderwege. Er war auch Verfasser des letzten Wanderbuches.
Durch den nördlichen Hangwald steigt man ab nach **Wald,** wo man den Schwabenweg kreuzt und über Altenburg und Euggelberg den Talgrund des Chemmenbaches erreicht. Dort steht die schön renovierte Chlingermüli von 1661, die heute Landwirtschaftsbetrieb ist.
Nach dem kurzen Aufstieg nach Egelschhofen beginnt ein völlig anderer Landschaftstypus mit weiten Feldern und sanften Hügeln. Die Autobahn zwingt zu einem grösseren Umweg bis zur nächsten Überführung. Von **Sonterswil** führt eine Flurstrasse zum kleinen Bauerndorf **Gunterschwil** und weiter zum Schloss **Wolfsberg.**

Die ältesten Bauteile stammen von 1571. Sie wurden 1731 und 1800 erweitert. Die neuen Ergänzungsbauten dienen einer Grossbank als Ausbildungszentrum.

Der Abstieg nach **Ermatingen** (Seite 35) führt am altehrwürdigen, mit bunten Fresken geschmückten Gasthof Adler vorbei.

Karten:	1 : 50 000	Thurgauer Wanderkarte
	1 : 25 000	Blatt 1033 Steckborn
		Blatt 1053 Frauenfeld
		Blatt 1054 Weinfelden

28. Von der Thur zur Murg

Abwechslungsreiche Wanderung aus dem Thurtal über die Höhen im Quellgebiet der Lauche ins Murgtal. Einige Wegabschnitte gemeinsam mit dem Schwabenweg.

Weinfelden – Münchwilen

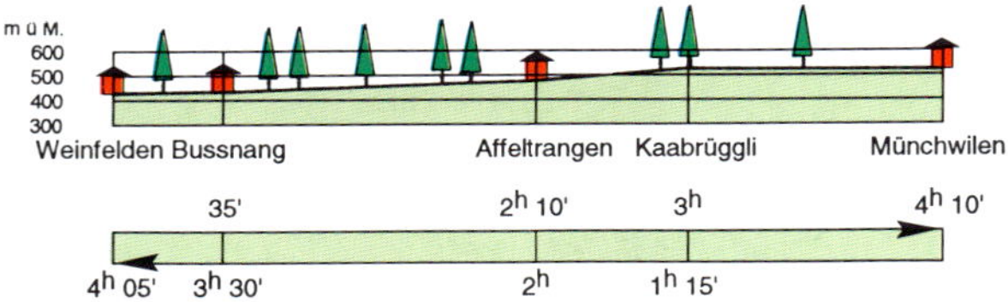

Wie bei Route 26 beginnt man in **Weinfelden** (Seite 63) auf der Südseite des Bahnhofs und folgt dem gleichen Weg über den «Ganggelisteg» nach **Bussnang** (Seite 82). Bei der Post trennen sich die Wege: Man steigt hier direkt hinunter zum Furtbach und geht beim Altersheim unter dem imposanten Viadukt der MThB (Foto Seite 83) durch. Allmählich ansteigend erreicht man auf dem Strässchen, das über dem Heldtobel durch den Wald führt, wieder die MThB-Linie. Hier hätte die Abladestation für die Schlacke aus der Kehrichtverbrennungs-Anlage Weinfelden entstehen sollen.
Eine Überführung erlaubt es, den Weg nach **Schmidshof** zu erreichen, wo am aussichtsreichen Waldrand eine neue Feuerstelle zur Verfügung steht. Auf einem neuen Waldsträsschen, das gelegentlich einen überraschenden Blick auf die Ebene von Kaltenbrunnen freigibt, wird der Buecher Stock umgangen. Bald wird **Affeltrangen** (Seite 79) erreicht, wo der Weg durch das Dorf markiert ist.
Im Dorfteil Chrüzegg trifft man auf den Schwabenweg. Hier steht eine ehemalige Pilgerherberge mit einer Nischen-Muttergottes aus dem Jahr 1520. Auf dem Pilgerweg geht man weiter, zuerst über eine kleine Moräne, die ohne Weg überschritten wird. Einem Feldsträsschen folgend, gelangt man zur Flügenegg, einer weiteren ehemaligen Pilgerherberge, die vor kurzem restauriert wurde. Neue Flurwege führen durch das Gebiet der jetzt abgeschlossenen Güterzusammenlegung Tobel, die wegen der Zerstörung historischer Wege heftig umstrittenen war. An einer neuen Siedlung vorbei erreicht man den Kaawald. Beim Kaabrüggli verlässt man den Schwabenweg, der über Türn und St. Margarethen an die Murg führt, wo man ihn nochmals antreffen wird. Für einige hundert Meter folgt man dem gewundenen Lauf des Kaabaches und steigt dann aus dem Tobel hinauf. Über den einsamen Weiler Anet gelangt man zur alten Durchgangsstrasse Lommis – Münchwilen. Hier kreuzt man den Wanderweg Frauenfeld – Bettwie-

sen. Bei **Murgtal** trifft man auf den Murgweg (Seite 120), und wenig später, an der Strasse St. Margarethen – Meziken, wieder auf den Schwabenweg. Der Murg entlang erreicht man den Bezirkshauptort **Münchwilen.**

«Ganggelisteg» bei Bussnang

Das Dorf ist in seiner Frühgeschichte, von 1228 an, verbunden mit den Herren von Münchwilen, welche Dienstmannen der Grafen von Toggenburg waren. Nach ihrem Aussterben 1482 kam es unter die Herrschaft des Eidgenössischen Untervogtes.
Da im 18. Jahrhundert der Hauptverkehrsweg von Winterthur nach St. Gallen über Münchwilen führte, soll Aadorf – Tuttwil – Münchwilen die verkehrsreichste Strasse des Thurgaus gewesen sein. Aus diesem Grund bewilligte die Tagsatzung im Jahr 1773 den Bau einer Brücke über die Murg, welche die bisher benützte Furt ersetzen sollte. Das Gasthaus «Zum Engel» war bereits früher als Pilgerherberge entstanden und profitierte in erster Linie vom Aufschwung.
Als 1871 Münchwilen an Stelle von Tobel zum Bezirkshauptort erklärt wurde, war der «Engel» auch Bezirksgebäude, bis 1901 das im neugotischen Stil errichtete Gerichts- und Bezirksgebäude mit dem Treppengiebel und dem spitzen Dachreiter bezogen werden konnte.

Karten:	1 : 50 000	Thurgauer Wanderkarte
	1 : 25 000	Blatt 1053 Frauenfeld
		Blatt 1054 Weinfelden
		Blatt 1073 Wil

29. Von Wil auf den Nollen

Kurzer, lohnender Aufstieg über den Nieselberg, der sich auch sehr gut für den Abstieg eignet. Überraschende Ausblicke unterwegs und bei klarem Wetter gute Fernsicht.

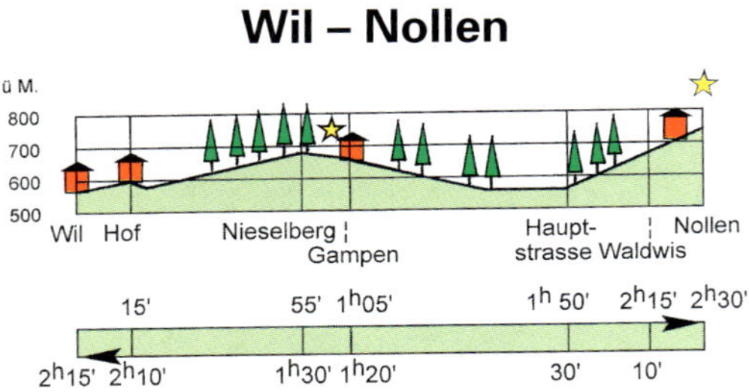

Die Stadt **Wil,** im Kanton St. Gallen gelegen, aber auf drei Seiten von Thurgauer Gebiet umschlossen, ist wegen der guten Verkehrslage ein idealer Ausgangs- oder Endpunkt für diese Wanderung.

> Seit der Stadtgründung in der 2. Hälfte des 12. Jahrhunderts durch die Herren von Toggenburg erlebte Wil eine wechselvolle Geschichte: 1226 wurde die Stadt dem Kloster St. Gallen übergeben, im Jahr 1292 aber durch die Habsburger zerstört. Der Wiederaufbau erfolgte nach 1301. Erst 1798 gelang die Ablösung vom Kloster, und 1803 ernannten die Franzosen Wil zum Bezirkshauptort.
> Die Altstadt besteht aus einem spitz-ovalen Häuserring mit einer Mittelzeile und liegt auf einem Hügel in der Thurebene. Im 14. Jahrhundert dehnte sich die Stadt in die Ebene aus. Sie wurde mit einer Mauer geschützt, die seit der Schleifung 1835 nur noch in kleinen Teilen erhalten ist.
> Kunsthistorisch von Bedeutung sind in erster Linie einige schöne Häuser, die Stadtkirche St. Nikolaus aus dem 15. Jahrhundert und die ehemalige Burg der Herren von Toggenburg auf dem «Hof».

Vom Bahnhof ist der Weg durch die schöne Altstadt auf den «Hof» markiert. Dort finden sich eine Wirtschaft und das Ortsmuseum. Vom östlichen Ende der Altstadt folgt man in sanfter Steigung dem Grat des Nieselbergs durch die neuen Stadtquartiere bis zum Waldrand. Links am höchsten Punkt vorbei erreicht man auf dem flacher werdenden und dann leicht fallenden Weg die Weiler Gampen und Hölzli. Nördlich am Weiler Tüfenwis vorbei gelangt man in den Wald und weiter auf einem idyllischen Weg am Bach zur Hauptstrasse Wuppenau – Zuzwil. Nach deren Überschreitung steigt der Weg recht steil an zum Weiler Waldwis und nach **Hosenruck**.

Aussicht vom Nollen

Die alten Häuser von Hosenruck sind getäferte oder geschindelte Ständerbauten, welche den Einfluss des Toggenburgs erkennen lassen. Eines der ältesten Häuser ist die «alte Post».

Eine Allee führt schliesslich ganz hinauf auf den **Nollen,** dessen Hochplateau von einem Gasthaus und einem grossen Parkplatz fast vollständig eingenommen wird. Immerhin konnte der Bau eines grossen Vergnügungsparks mit Disneyland-Charakter dank der Initiative der Bevölkerung verhindert werden. Die Aussicht ist an schönen Tagen grossartig: Von den Hegau-Vulkanen über Bodensee, österreichische Voralpen, Alpstein, Glarner-, Urner- und Berneralpen bis zum Pilatus und über weite Teile des Kantons präsentiert sich ein Panorama, das die Wahl dieses Routenzieles lohnt.

Für den Abstieg stehen verschiedene Wege zur Verfügung:

Zuzwil	45′	Bettwiesen	2 h 35′
Zuckenriet	1 h 20′	Bischofszell	2 h 40′
Bürglen R. 19	2 h 10′	Tobel/Affeltrangen R. 22	2 h 45′
Uzwil	2 h 15′	Weinfelden	3 h 15′
Wil	2 h 15′	Amriswil R. 11	4 h 30′

Von Hosenruck verkehrt ein Postauto nach Wuppenau – Wil und nach Weinfelden.

Karten:	1 : 50 000	Thurgauer Wanderkarte
	1 : 25 000	Wanderkarte Wil und Umgebung
		Blatt 1073 Wil
		Blatt 1074 Bischofszell

30. Auf dem Rebenweg

Kurze Wanderung durch das Rebgebiet am Ottenberg. Von Ottoberg schöne Aussicht über das Thurtal. In Märstetten guterhaltene Riegelhäuser und eine alte Kirche. Rückweg mit der Bahn oder zu Fuss über Boltshausen.

Weinfelden – Märstetten

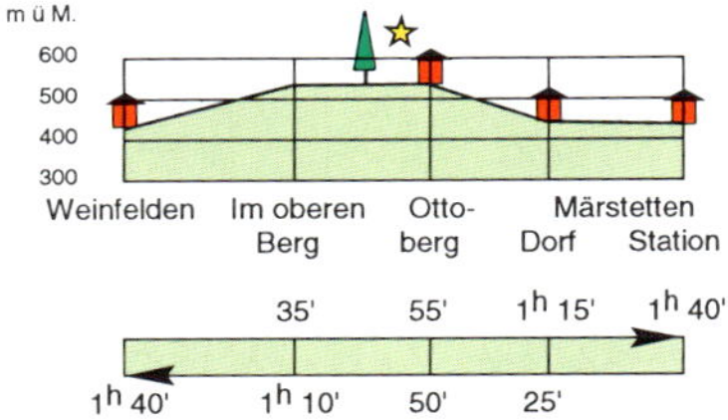

Vom Bahnhof **Weinfelden** (Seite 63) führt der Wanderweg durch das Dorf und weiter an der «Schwärzi» (Seite 84) vorbei zum «Tobel». Dort zweigt der markierte Weg gegen Westen ab und steigt zwischen den Rebbergen hindurch sanft an.
Der Rebbau am Ottenberg ist seit langer Zeit bekannt. Ob aber der Wein dem Dorf Weinfelden den Namen gab, ist umstritten, weil es damals keine Wein-Felder oder -Berge gegeben habe, sondern nur Wein-Gärten.

Der Weinbau nahm wirtschaftlich nicht immer den gleichen Stellenwert ein: Um 1840 wurden im Kanton Thurgau 2100 ha Reben bebaut, zu zwei Dritteln weisse Sorten. Heute gibt es nur noch 188 ha Weinbau, wovon ein Drittel Weisswein. Aus einem Haupterwerbszweig ist also eine Spezialkultur geworden!
Auch die Anbaumethoden haben sich verändert. So wird beispielsweise der Boden unter den Reben nicht mehr offen gehalten, sondern darf überwachsen, und fast alle Rebberge sind auf Drahtanbau umgestellt worden. Immer mehr Betriebe setzen auf integrierte Produktion.
In neuer Zeit ist der hier produzierte Landwein aus Blauburgunder- und Riesling x Sylvanertrauben begehrt.

Nach den letzten Häusern «im oberen Berg» besteht die Möglichkeit, zum Thurberg hinauf- oder zum Schnellberg und ins Bachtobel abzusteigen, wo der beschilderte Weinwanderweg der Gemeinde Weinfelden beginnt. Wer weiter der Markierung folgt, gelangt kurze Zeit später in den Wald und nach **Ottoberg.** Schon vor den ersten Häusern bietet sich ein schöner Blick ins Thurtal und darüber hinweg gegen den Alpstein.

Der Name Ottoberg entstand, um eine Verwechslung mit dem Ottenberg zu vermeiden, als leicht abgewandelte Form. Das Dorf liegt auf der westlichen Terrasse zwischen Thur- und Chemmenbachtal und hat sich wegen der entsprechend schönen Aussicht in den letzten Jahren stark vergrössert. Markantestes Gebäude im alten Dorfkern ist das Schlössli mit seinem Dachreiter. Es ist in Privatbesitz.

«Im oberen Berg» am Ottenberg

Im Weiler Rueberbomm mit seinen schönen Riegelhäusern wird der Schwabenweg gekreuzt, bevor es leicht abfallend gegen das Dorf **Märstetten** geht.

Die heute reformierte Kirche St. Jakob hat eine lange Geschichte. 1155 fand sie erstmals Erwähnung. Der massige Turm stammt im Unterbau aus dem 13.–14. Jahrhundert. 1487–89 erhöhte man den Turm und verlängerte gleichzeitig das Schiff. Die Innenausstattung wurde einige Male verändert. Besonders sehenswert sind der Taufstein aus dem Jahr 1590 und die Kanzel von 1790.
Obwohl die Kirche für die alten Pilger bedeutungsvoll war, wurde der Schwabenweg am Dorf vorbei geführt, da sich die Bewohner vor zu vielen Almosenspenden schützen wollten.
Das Hohe Haus, ein prunkvoller Riegelbau aus dem Jahr 1613, war einst Zehnthaus. Es enthält eine Gerichtsstube von 1620 mit schönem Renaissancetäfer.

Vom Dorf besteht die Möglichkeit, auf dem Wanderweg über Boltshausen nach Weinfelden zurückzuwandern (1 Std.).
Auf der geraden Strasse erreicht man den Bahnhof in Märstetten Station, wo sich die Industrie angesiedelt hat.

Karten:	1 : 50 000	Thurgauer Wanderkarte
	1 : 25 000	Blatt 1053 Frauenfeld
		Blatt 1054 Weinfelden

Oberhof am Seebach

Unterthurgau

31. Von Bettwiesen zur Hauptstadt

Von der MThB-Station Bettwiesen auf ruhigen Wegen zur Lauche und durch das Altholz nach Frauenfeld. Ohne anstrengende Steigungen abseits der grossen Ortschaften.

Bettwiesen – Frauenfeld

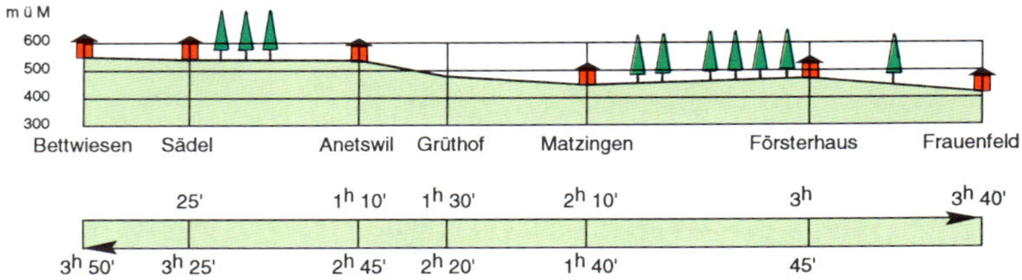

Ausgangspunkt ist **Bettwiesen,** doch kann auch schon in Wil (Route 45) begonnen werden (Mehrzeit 1 Std. 15 Min.).

Die katholische Kirche St. Urban wurde 1875 erbaut. Im Inneren sind vor allem die Kanzel und ein Taufstein aus dem Jahr 1643 sehenswert.
Von grösster wirtschaftlicher Bedeutung für das Dorf ist die Verzinkerei.
Das **Schloss** oberhalb des Dorfes ist nicht zugänglich. Es wurde erstmals 1627 als Sommersitz und Statthalterei des Klosters Fischingen erwähnt. Es soll einen kleinen Saal mit Stukkaturen an Decke und Wänden und einen weissen Kachelofen aus Steckborn aufweisen. Der hübsche, zierliche Dachreiter gehört zur Schlosskapelle.

Vom Bahnhof muss ein Umweg nach Süden durch die Unterführung bei der Käserei und auf der anderen Seite der Bahnlinie zurück gemacht werden, denn vom näher gelegenen Bahnübergang besteht keine Verbindung zum Feldweg nach Westen. Nach einem kurzen Stück auf dem Schwabenweg zweigt auf einer kleinen Anhöhe der Weg nach Sädel ab. Dort wird die Hauptstrasse Münchwilen – Tägerschen gekreuzt und nachher ein kleiner Wald durchquert. An den Weilern Ebenholz und Eggetschbüel vorbei erreicht man **Anetswil.** Eine Gartenwirtschaft bietet hier Gelegenheit zu einer Rast. Nördlich des Dörfchens wird die Hauptstrasse Wängi – Lommis überquert. In grossem Bogen wandert man zwischen fruchtbaren Feldern abwärts, steigt dann wieder leicht an zum Grüthof und kommt zu einem kleinen Moorgebiet. Da es unter Naturschutz steht, sollte es nicht betreten werden.
Kurz vor dem Weiler «Eigensinn», dessen Name zu Spekulationen über seine Entstehung anregt, stösst man auf die alte Landstrasse. Sie bildete einst die Hauptverbindung von Matzingen über St. Margarethen nach Wil, als die Murgebene noch sumpfig und deshalb nicht passierbar war. In

Matzingen (Seite 83) weist der Wegweiser beim Bahnhof auf einen kleinen Fussweg, der nach Osten und an der neuen katholischen Kirche vorbei führt. Nach dem Verlassen des Dorfes ist der Tuenbach, der das Tal von Thundorf durch das Halinger Tobel entwässert, ein Stück weit Begleiter. Auf einem kleinen Steg wird er überschritten, und nach einigen hundert Metern führt ein Fahrsträsschen über den Bach zurück. Sanft ansteigend, erreicht man beim Hof Waldegg die Strasse Matzingen-Huben, die überquert wird. Weiter geht es von hier auf bequemen Waldstrassen durch das Altholz. Von der Abzweigung Richtung Försterhaus an folgt man während längerer Zeit dem Planetenweg, der gleichzeitig Waldlehrpfad ist. Nach einer kurzen Steigung führt der Philosophenweg einem Rebberg entlang, der vor einigen Jahren wieder angelegt wurde. Ob dieser Weg nur von Philosophen begangen wurde, oder ob man gar zu einem solchen wird, wenn man ihn benützt? So oder so, die Aussicht auf das Murgtal und zur Aumühle belohnt den Wanderer.

Schloss Frauenfeld

Dort, wo der Wanderweg an die Frauenfeld – Wil – Bahn stösst, besteht die Möglichkeit, auf direktem Weg in wenigen Minuten zum Schwimmbad zu gelangen. Wer der Markierung folgt, kommt bald zum Bahnhof **Frauenfeld** Marktplatz (Seite 106) und am **Schloss** vorbei weiter zum Bahnhof SBB.

Der Bergfried des Schlosses mit seinen 3 Meter dicken Mauern aus Findlingen stammt aus dem frühen 13. Jahrhundert. Der Palas auf der Murgseite ist wenig jünger, wurde aber später um- und aufgebaut. Heute ist das kantonale Historische Museum im Schloss untergebracht.

Karten:	1 : 50 000	Thurgauer Wanderkarte
	1 : 25 000	Blatt 1053 Frauenfeld
		Blatt 1073 Wil

32. Zum Generalstand

Von Diessenhofen über Basadingen und Schlattingen auf den Rodenberg (Generalstand). Schöner Tiefblick auf den Rhein. Mit Route 6 zu einer Rundwanderung kombinierbar.

Diessenhofen – Rodenberg – Stein am Rhein

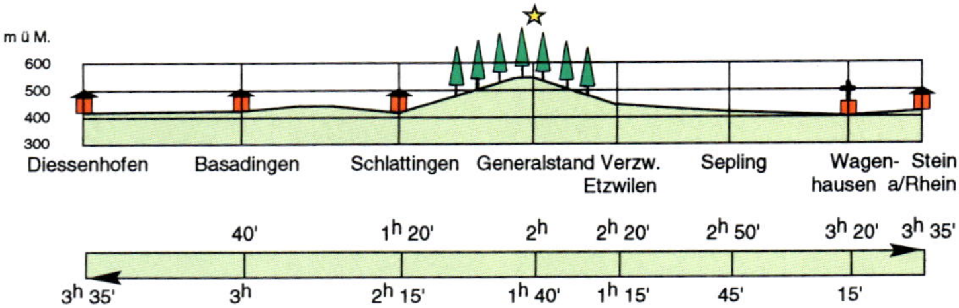

Vom Bahnhof oder von der Schifflände **Diessenhofen** (Seite 39) führt der Weg parallel zur Hauptstrasse dem eigentümlichen «Eichbüel» entlang, einem aus der Ebene aufragenden Hügel, nach **Basadingen.**

Die paritätische Kirche St. Martin wurde 1840–41 erbaut und gilt als schöner klassizistischer Bau mit passender Innenausstattung.

Vorbei am schmucken Gemeindehaus mit dem kleinen Glockenturm erreicht man einen neu gestalteten Platz mit dem Dorfbrunnen. Am Abhang des Hügelzuges «Egg» weitet sich der Blick über fruchtbare Felder, bevor man über den Geisslibach ins weitgehend bäuerliche Dorf **Schlattingen** gelangt.

Der vordere Teil der reformierten Kirche stammt aus dem 12.–13. Jahrhundert, die restlichen Teile aus verschiedenen späteren Epochen.

Östlich des Dorfes steigt der Weg an und führt durch den ausgedehnten Wald auf die Höhe des **Rodenberges.** An der Kante des Gipfelplateaus zeigt eine Tafel die Lage des **Generalstandes** (Befehlsstand des Generals) an.

Der Text lautet: «General Lecourbe setzte am 1.5.1800 30 000 Mann über den Rhein». Tatsächlich schreibt J.A. Pupikofer in seiner Geschichte des Thurgaus von 1889: «Im Frühjahr 1800 begann zwar wieder der Kampf mit Oesterreich, doch zum Glück für Helvetiens Bewohner zog er sich in das Donauthal. General Lecourbe, der den Oberbefehl über die in der Schweiz stehenden fränkischen Heeresabtheilungen erhalten hatte, veranstaltete am 1. Mai 1800 den Rheinübergang bei Reichlingen (= Rheinklingen) mit 25 000 bis 30 000 Mann, an der Spitze General Vendamme. Mit Segenswünschen begleiteten die Thurgauer den Abzug der Franken; denn jetzt, da der Herd nicht mehr von Fremden umlagert war, athmete der Hausvater wieder freier im Kreise der Seinigen...».

Nach dem Abstieg auf einem sanft abfallenden Waldsträsschen kann der Weg nach der Station Etzwilen (10 Min.) oder in Richtung Stein am Rhein fortgesetzt werden. Die Route nach Stein am Rhein führt dem Trassee der Bahnlinie Etzwilen – Singen entlang zur Unterführung von **Sepling**. Diese Linie dient seit 1969 nur noch dem Güterverkehr.

Ausblick vom Generalstand

Der Überbau der Eisenbahnbrücke von Hemishofen wurde 1875 von einer französischen Firma in der erstaunlich kurzen Bauzeit von 2 Monaten errichtet. Die Strassenbrücke stammt aus dem Jahr 1980 und ist ein Gemeinschaftswerk der Kantone Thurgau und Schaffhausen.
Ein schmaler Fussweg führt von der Unterführung in Richtung Rhein. Dort findet sich eine Gedenkstätte für die im Jahr 1940 bei einem Minenunglück ums Leben gekommenen 10 Wehrmänner. In der Nähe wurde ein schöner Picknickplatz erstellt.

Von Sepling führt der Wanderweg rheinaufwärts nach **Wagenhausen**.

Die Propstei entstand im Jahr 1083 als kleines Klösterchen der Benediktinerinnen. Wenig später wurde die Kirche bei einem Streit zwischen dem Kloster Allerheiligen und dem Stifter schwer beschädigt und im Jahr 1100 wieder instandgestellt. 1417 kam das Kloster wieder an Allerheiligen, bei dem es bis zur Reformation blieb. Erst 1861 wurde die Propstei an die Gemeinde Wagenhausen übergeben. Bemerkenswert ist eine datierte Glocke aus dem Jahr 1291, welche nur am 1. August und an hohen Feiertagen geläutet wird.

Dem Rhein entlang erreicht man die Bahnstation oder die Schifflände **Stein am Rhein** (Seite 37).

Karten:	1 : 50 000	Thurgauer Wanderkarte
	1 : 25 000	Blatt 1032 Diessenhofen

33. Vom Thurtal nach Steckborn

Überquerung des Seerückens auf wenig anstrengender, schöner Route mit historisch und landschaftlich interessanten Details. Wenige Waldpartien, daher vor allem für Frühling und Herbst geeignet.

Felben / Wellhausen – Steckborn

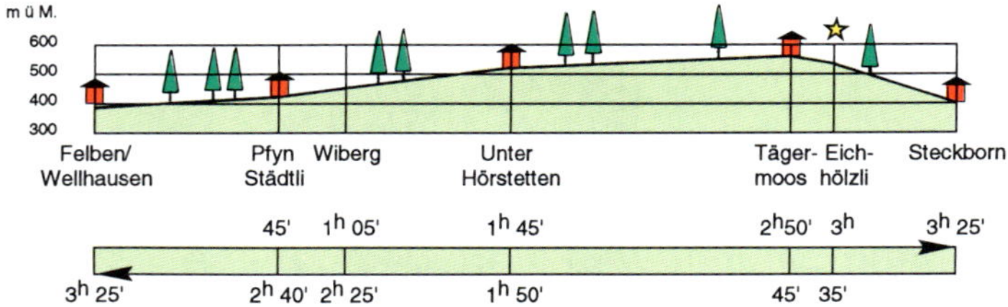

Das Postauto von Frauenfeld oder der Regionalzug bringt den Wanderer zum Ausgangsort **Felben.**

Felben ist eines der ganz wenigen Dörfer, die seit jeher in der Ebene und nicht am Hang des Thurtals liegen. Die hier heimische Stickereiindustrie musste nach dem ersten Weltkrieg aufgegeben werden. 1922 bezog die Firma Martini die Fabrikräume und begann mit der Herstellung von Buchbindereimaschinen.
Die Kirche geht in ihrer Anlage ins 13. oder 14. Jahrhundert zurück, das Schiff stammt von 1729.

Auf einem Feldsträsschen durchquert man die Thurebene und benützt die Strassenbrücke, um Autobahn und Thur zu überschreiten. Kurz nach der Brücke kann bei der ARA die Hauptstrasse wieder verlassen werden. Am Fuss des früheren Thuruferhanges gelangt man zum Schwimmbad. Von hier steigt man hinauf ins «Städtli» von **Pfyn.**

In den Jahren 284 – 305 baute der römische Kaiser Diokletian Ad Fines zu einem Grenzposten zwischen Rätien im Osten und Helvetien im Westen aus. Die Strasse von Winterthur (Vitodurum) verzweigte sich hier nach Arbon (Arbor Felix) und nach Eschenz (Tasgetium). Bei mehreren Ausgrabungen im ehemaligen Kastell wurden zahlreiche Münz- und andere Funde gemacht, welche in verschiedenen Museen liegen. Die Anlage wurde im Mittelalter ausgebaut, brannte aber 1476 ab. Die heutige Kirche, nach dem Brand erneuert und 1937 mit einem Turm ergänzt, steht mitten in der römischen Anlage. Das alte Schulhaus war einst Schloss und wurde anfangs des 16. Jahrhunderts erstellt. Westlich des Dorfes wurden auch steinzeitliche Funde gemacht.

Der langsame Aufstieg auf den Seerücken beginnt kurz nach dem Dorf. Der Name der ersten Anhöhe, «Wiberg», deutet darauf hin, dass hier früher Reben standen. Ein Blick zurück bringt die schöne Lage des «Städtli» nochmals zur Geltung, bevor für eine kurze Strecke der Wald den Weg aufnimmt.

Herbst beim «Eichhölzli»

Nochmals bietet sich die schöne Aussicht über das Thurtal und bis zum Alpstein dar, wenn auf der Höhe von Unter-Hörstetten zum Dorf gewandert wird. In diesem Bauerndorf überquert man die Hauptstrasse und gelangt in der Nähe der Häuser von Ober-Hörstetten in eine kurze Waldpartie. Über freies Feld kommt man zur Kiesgrube an der Strasse Hörhausen – Homburg. Im nächsten Wäldchen liegt ein kleiner, hübsch angelegter Weiher. Auf einer Treppe steigt der Weg wieder etwas an und erreicht den höchsten Punkt der Wanderung. Wenn in der Schiessanlage bei Tägermoos geschossen wird, kann sie nach links umgangen werden. Sonst geht es dem Waldrand entlang zum markant auf einem Hügel gelegenen Weiler.
Kurz darauf erreicht man an der Staatsstrasse das Eichhölzli. Auf dem grossen Parkplatz und beim weiteren Abstieg bietet sich ein sehr schöner Blick auf den Untersee, das Städtchen Steckborn und die gegenüberliegende Halbinsel Höri. Damit der Abstieg nicht allzu steil wird, weicht der Weg unter dem Wald etwas nach links aus. Beim respektablen alten Haus der Weiermühle (Seite 36) trifft man auf die Seeroute und gelangt an der Bernina-Nähmaschinenfabrik vorbei zum Bahnhof **Steckborn** (Seite 35).

Karten:	1 : 50 000	Thurgauer Wanderkarte
	1 : 25 000	Blatt 1033 Steckborn
		Blatt 1053 Frauenfeld

34. Vom Thurtal zur Hochwacht

Lange, aber abwechslungsreiche Wanderung mit teilweise historischem Wegverlauf. Variante: Start in Illhart (Postauto). Als Höhepunkt die Aussicht von der Hochwacht auf den Untersee und die Hegauvulkane.

Märstetten – Stein am Rhein

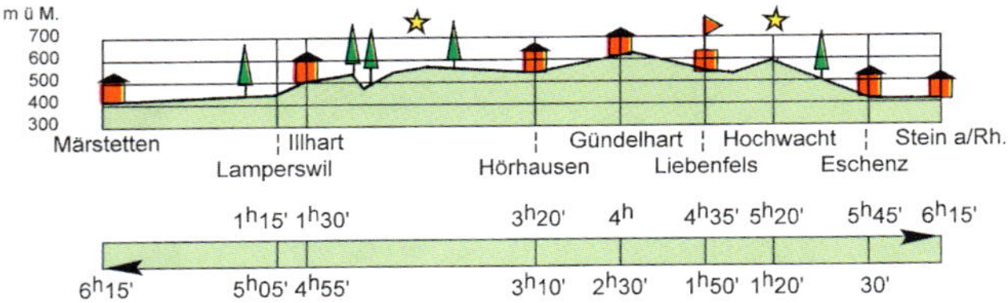

Zwischen Bahnhof und Post **Märstetten** (Seite 91) verlässt man das Dorf und gelangt über weite Felder zur Anhöhe beim Weiler Gruebmüli, von wo man einen schönen Blick über das Thurtal geniesst. Der Wanderweg führt ausserhalb der Dörfer durch Felder und einzelne Waldparzellen nach **Lamperswil** und in einem kurzen Aufstieg nach **Illhart.**
Wer die Wanderung hier beginnt, startet am südlichen Rand des Dorfes. Auf aussichtsreichem Weg gelangt man zum Waldstreifen des Gschmelltobels. Nach einem kurzen Abstieg und der Überquerung des Tobelbaches steigt man auf einem steilen Weg durch das auffallende Hohlwegbündel auf, das im Inventar historischer Verkehrswege besonders hervorgehoben wird. Kurz vor **Homburg** (Seite 110) beginnt ein langes, ebenes Wegstück mit schöner Aussicht bis zum Alpstein. Erst in **Hörhausen** kommt man wieder durch ein Dorf, in dem der Durst gestillt werden kann. Fast auf dem höchsten Punkt der Wanderung liegt das Dorf **Gündelhart.**

Die Kirche, welche aus dem Jahr 1683 stammt, beeindruckt durch die massive Turmzwiebel. Diese wurde erst bei der Renovation von 1932 aufgesetzt. Das Schloss aus dem 16. Jahrhundert enthält eine interessante Kapelle und bemerkenswerte Steckborner Öfen. Da es in Privatbesitz ist, kann es nicht besichtigt werden.

Nach einem waldigen Abschnitt gelangt man in ein idyllisches, einsames Tälchen, in welchem man sich weit abseits aller Zivilisation wähnen kann! Das **Schloss Liebenfels** ob Mammern, an dem der Weg vorbei führt, liegt über einem kleinen Tobel.

Der Turm mit 2,5 m dicken Mauern hat bis auf die Höhe von 7,6 m keine Fenster. Er stammt aus der Mitte des 13. Jahrhunderts, die Wohnbauten aus dem 15. und 16. Jahrhundert. Das Schloss ist in Privatbesitz und kann nicht besichtigt werden.

Nach einer Waldpartie und einem Stück auf dem Strässchen gelangt man zur **Hochwacht.** Von diesem einzigartigen Aussichtspunkt überblickt man

Hochwacht ob Mammern

den Untersee bis zur Reichenau, die gegenüberliegende Halbinsel Höri mit dem Schiener Berg, Stein am Rhein mit der Burg Hohenklingen und die Vulkanschlote des Hegaus.

Schon früher muss hier, das bezeugt der Name Hochwacht, ein Beobachtungs- und Meldeposten gewesen sein, von dem Feuer- oder Rauchzeichen zu anderen hochgelegenen Punkten weitergegeben wurden.

Dem Nordrand des kleinen Waldes entlang gelangt man auf die Strasse zurück, die zu Gasthaus und Wallfahrtskirche **Klingenzell** weiterführt.

Die Kirche Mariahilf liegt an einem der schönsten Aussichtspunkte über dem Untersee. 1705 wurde die heutige Kirche erbaut. Der Hochaltar stammt von 1737, die darin enthaltene Pietà aus dem 14. Jahrhundert und das Deckengemälde von 1899. 1957 brannten die Propsteigebäude ab. Im Wald unterhalb Klingenzell befindet sich eine Lourdes-Grotten-Anlage.

Auf einem ziemlich steilen Wiesenweg steigt man ab in den Wald, durch den unterhalb des Schlosses **Freudenfels** der Weg nach Eschenz führt.

Das private Schloss wurde kürzlich renoviert und dient heute als Ausbildungszentrum. Es war seit 1623 eine Statthalterei des Klosters Einsiedeln, bestand aber seit dem 13. Jahrhundert.

Durch das Dorf **Eschenz** (Seite 37), wo am Bahnhof die Wanderung abgebrochen werden kann, gelangt man in Unter-Eschenz an den Untersee. Hier hat man die Möglichkeit, der Insel Werd (Seite 37) einen Besuch abzustatten oder direkt nach **Stein am Rhein** (Seite 37) weiterzugehen. Auch hier lohnt sich selbstverständlich ein Besuch des Städtchens, bevor mit Bahn oder Schiff die Heimreise angetreten wird.

Karten:	1 : 50 000	Thurgauer Wanderkarte
	1 : 25 000	Blatt 1032 Diessenhofen
		Blatt 1033 Steckborn
		Blatt 1053 Frauenfeld

35. An den Untersee

Von der Hauptstadt über die Grosse Allmend in gerader Linie nach Norden an den Untersee. Schöne Wanderung für warme Tage, viel Wald und naturkundliche Besonderheiten.

Frauenfeld – Mammern

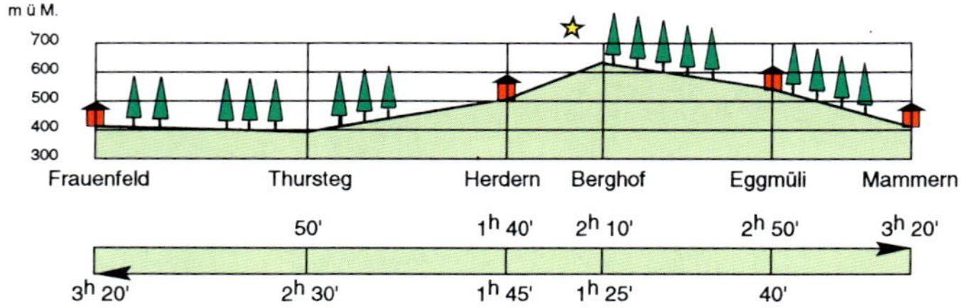

Der Beginn der Wanderung führt vom Bahnhof **Frauenfeld** (Seite 106) zuerst durch die Unterführung bei der alten Kaserne. Auf der Strasse zwischen der Firma SIA und der Murg, die hier in geradem Bett verläuft, gelangt man über die Autobahn. Wenn das Militär das Gelände der grossen Allmend beansprucht, ist der Weg allerdings gesperrt. Dann muss der markierte Umweg über Weiningen in Kauf genommen werden. Meistens, vor allem an den Wochenenden, kann man aber das militärische Übungsgelände durchqueren. An der bekannten Pferderennbahn vorbei gelangt man zum Auwald an der Thur. Mit etwas Glück können am frühen Morgen im Wald und in den Schilfgebieten seltene Vögel beobachtet werden, und vielleicht taucht im Binnenkanal sogar ein Biber auf! Über den Thurdamm kommt man bald zum eisernen Militärsteg, der von 1899 bis 1959 etwa 800 Meter flussaufwärts an der **Ochsenfurt** stand.

Dort führte die Strasse Frauenfeld – Herdern durch das Flussbett der Thur, bis 1864 die Brücke im Ror bei Weiningen gebaut wurde. Das Militär betrieb zeitweise auch eine Fähre. Eine Mühle und das Fährhaus wurden bei der Erweiterung des Waffenplatzes abgebrochen.

Jenseits der Thur gelangt man etwas oberhalb der Ochsenfurt ins Tobel des Seebachs. Wer ornithologisch interessiert ist, kann dem Zielhang der Artillerie auf der anderen Seite des Seebachs einen Besuch abstatten. Dort sind viele Vogelarten heimisch, sogar die Nachtigall lässt sich manchmal vernehmen. Nachdem man dem Bach durch den Wald gefolgt ist, verlässt man beim Schalmenbuck das Gebiet des Waffenplatzes und steigt zuerst über offenes Feld und später durch die Rebberge an gegen **Herdern**.

Die Kirche mit einem Hochaltar von 1746 steht an Stelle eines Baus, der schon im 10. oder 11. Jahrhundert errichtet wurde. Auffallendstes Gebäude ist aber das Schloss: Der Bergfried wurde im Jahr 1252 erstellt und 1610 durch das Wohnhaus ergänzt. 1683 kam das Schloss in den Besitz des Klosters St. Urban in Pfaffnau, Luzern. Im Jahr 1895 wurde die Arbeiterkolonie eingerichtet, die heute als Wiedereingliederungsstätte für behinderte Männer dient.

Schloss Herdern

Es folgt nochmals ein kurzer Aufstieg auf den Chapf, wo sich eine überraschend schöne Aussicht auf Thurtal und Berge bietet. Interessant ist, dass hier um die Jahrhundertwende Braunkohle geschürft wurde. Kurz nach dem zum Gutsbetrieb von Kalchrain gehörenden Berghof, dem höchsten Punkt der Wanderung, gelangt man wieder in den Wald. Auf einem Waldsträsschen und später über eine Treppe steigt man ab und gelangt über weite Felder zur Eggmüli.
Hier kann der Umweg über die **Hochwacht** (Seite 100) mit dem Abstieg nach Mammern gewählt werden. Man braucht dazu 25 Minuten länger, kann aber dafür einen herrlichen Blick auf den Untersee geniessen.
Der direkte Weg zweigt ab ins Tobel des Eggmülibaches. Durch dieses steigt man, wieder durch den Wald, nach **Mammern** (Seite 36) hinunter.
Für die Rückfahrt nach Frauenfeld stehen verschiedene Varianten zur Verfügung: Mit der Bahn oder im Sommer mit dem Schiff erreicht man Stein am Rhein oder Steckborn, von wo Postautolinien nach Frauenfeld zurückführen. Über Winterthur kann die Rückreise auch mit dem Zug erfolgen.

Karten:	1 : 50 000	Thurgauer Wanderkarte
	1 : 25 000	Blatt 1053 Frauenfeld

36. Durch die Reben an den Rhein

Anspruchsvolle Wanderung von der Hauptstadt über dem Thurtal zum Rebgebiet von Iselisberg, durch das zürcherische Stammertal und durch die thurgauische «Kornkammer» nach Diessenhofen.

Frauenfeld – Diessenhofen

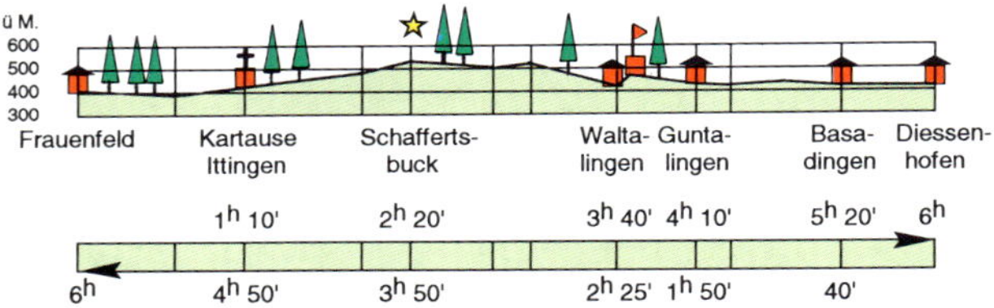

Der Weg bis zur Rorerbrücke führt durch das «Buebewäldli» und über die Allmend der Murg entlang. Wenn jedoch das Militär wegen Schiessübungen die Allmend sperrt, ist der markierte Umweg auf der Asphaltstrasse in Kauf zu nehmen.
Am Nordrand der Thurebene liegt die **Kartause Ittingen.**

Gegründet 1152 als Augustinerpropstei, wurde im Jahr 1461 daraus ein Kartäuserkloster, von dem ein grosser Teil im Jahr 1524 dem Ittinger Sturm zum Opfer fiel. Bis Mitte des 16. Jahrhunderts dauerte der Wiederaufbau. 1621–29 wurden die kleinen Häuser errichtet, die seither den grossen Kreuzgang bilden. 1707 folgten der Kapitelsaal und die Bibliothek. 1703 baute C. Mosbrugger die Kirche zur heutigen Rokokoform um. Sehenswert ist besonders das einzigartige Chorgestühl von C. Fröhli und seinen Söhnen.
1856 gelangte die Kartause nach der Klosteraufhebung in Privatbesitz. Nach der Umwandlung in eine Stiftung wurde von 1977 an der ganze Komplex restauriert und zu einem Begegnungs- und Kurszentrum ergänzt. Darin sind auch das Ittinger Museum und das Thurgauer Kunstmuseum untergebracht.

Unterhalb des Weilers **Iselisberg,** wo ein bekömmlicher Landwein wächst, führt der Weg weiter durch die Rebberge. Südlich von Trüttlikon kommt man an der Flugleitanlage «Zürich Ost» vorbei zum Schaffertsbuck. Dieser Hügel, mit 536,4 m der höchste Punkt der Wanderung, bietet eine erstaunliche Aussicht sowohl über das Thurtal hinweg bis zu den Alpen als auch nach Norden ins Seebachtal. Beim Verlassen der Weinberge südlich **Trüfelbach** schweift der Blick zum letzten Mal ins Thurtal. Im Weiher bei **Wilen** kann gebadet werden. Das Besondere an diesem Dorf ist, dass dessen Hauptstrasse die Kantonsgrenze bildet und die Bewohner also Zürcher oder Thurgauer sind, je nach dem, auf welcher Strassenseite sie wohnen!

Kartause Ittingen

Waltalingen gehört bereits zu den Dörfern des Zürcher Weinlandes. Es lohnt sich, der Zickzack-Markierung durchs Dorf zu folgen, denn sie führt an den schönsten Riegelhäusern und am eigenwilligen Kirchlein vorbei. Nach der Überquerung der Hauptstrasse steigt der Weg an zum Schloss Schwandegg, in welchem ein Restaurant und eine Jugendherberge untergebracht sind. Auf einem aussichtsreichen Weg wird Guntalingen erreicht. Auch hier fallen die schönen Riegelhäuser auf. Dem kanalisierten Mülibach folgend, erkennt man jenseits des Baches das in Privatbesitz stehende **Schloss Girsberg**.

Der Turm dürfte aus der Mitte des 13. Jahrhunderts stammen und hat einen Grundriss von 16,5 auf 8,6 Meter. Sein Erbauer war ein Vasall der Kyburger namens Gir, doch hatte die Burg später verschiedene Besitzer und blieb nie ein ganzes Jahrhundert lang im gleichen Besitz! Der vom Wanderweg aus sichtbare dreigeschossige Wohntrakt wurde im Jahr 1756 erbaut.

Beim sehenswerten Riegelbau der **Furtmüli** von 1635 kehrt man in den Thurgau zurück. Bei Rotenbuck lohnt sich ein Blick zurück: Fruchtbares Ackerland, auf dem ausser Getreide, Rüben und Kartoffeln auch Tabak angebaut wird, breitet sich in der Ebene aus.
Von **Basadingen** (Seite 96) kann für die letzte halbe Wegstunde das Postauto nach **Diessenhofen** (Seite 39) benützt werden. Der Wanderer erreicht das Ziel auf einem Flurweg zwischen Strasse und Geisslibach.

Karten:	1 : 50 000	Thurgauer Wanderkarte
	1 : 25 000	Blatt 1032 Diessenhofen
		Blatt 1052 Andelfingen
		Blatt 1053 Frauenfeld

37. Durchs Seebachtal

Ausgedehnte Wanderung von Frauenfeld über Schloss Steinegg zum Ende des Untersees. Zeugen besonderer Baukunst von den Römern bis zur Neuzeit.

Frauenfeld – Stein am Rhein

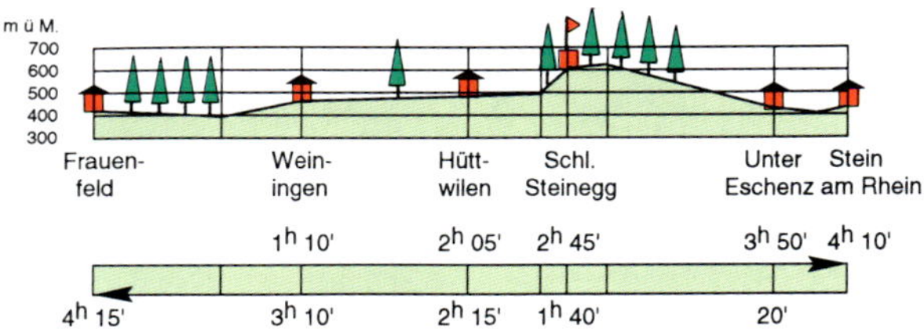

Die Wanderung beginnt in der thurgauischen Hauptstadt **Frauenfeld.**

Schon vor der Errichtung des Schlossturms durch die Kyburger ums Jahr 1200 waren die Aussenorte Erchingen und Oberkirch besiedelt. Mitte des 13. Jahrhunderts wurde die Stadt ausgebaut. Von 1499 an residierte der eidgenössische Landvogt in Frauenfeld, und ab 1713 trat hier regelmässig die Tagsatzung zusammen. Zwei Stadtbrände im 18. Jahrhundert machten jeweils Neubauten nötig. So entstanden nach 1788 das Rathaus und als Unterkunft für die Abgeordneten an der Tagsatzung das Luzerner- und das Bernerhaus.
Während der französischen Besetzung des Landes im Jahr 1799 kam es zu einer Schlacht bei Frauenfeld, als österreichische und französische Truppen aufeinandertrafen. Dabei kam der bernische General Weber ums Leben.
Im 19. Jahrhundert erfolgte der Abbruch der Stadttore. 1853 wurde die Kantonsschule und 1863 die Kaserne gebaut. 1868 folgte das Regierungsgebäude, da im Jahr 1803 Frauenfeld zur Hauptstadt ernannt worden war.

Wie bei Route 36 muss bis zur Thurbrücke bei Ror darauf geachtet werden, ob das Militär den Murguferweg freigibt. Andernfalls ist die markierte Umleitung auf der Strasse zu benützen. Die Rorerbrücke entstand 1917 als erste Betonbrücke des Kantons. Sie war Ersatz für eine 50jährige schöne Holzbrücke, die dem Verkehr nicht mehr genügte. Ein kurzer Anstieg zur Kirche von **Weiningen** ermöglicht eine gute Fernsicht gegen Süden.

Die Kirche entstand aus einem spätromanischen Bau durch Erweiterung im 13. und 15. Jahrhundert. Vom Weinbau, der dem Ort den Namen gab, ist nur noch ein Rest bei Warth vorhanden. Die Reblaus zerstörte im letzten Jahrhundert die Weinstöcke an allen Südhängen der Gemeinde.

Ein kurzer Anstieg durch den ehemaligen Rebhang, der heute überbaut ist, führt auf offenes Feld. Kurz vor dem Dorf **Hüttwilen** überquert man den Ausfluss des Hüttwilersees, den Seebach. Am Südhang bemerkt man ein

Reste des römischen Landhauses Stuetheien

markantes neues Erd-Haus mit runden Formen, das schon stark überwachsen ist. Beim Durchwandern des Dorfes fallen zahlreiche schöne Riegelhäuser auf. Durch den Rebberg beim Haldenhof erreicht man das Tobel unterhalb Steinegg. Hier sollte man nicht versäumen, einem ganz anderen Haus einen Besuch abzustatten: Einige Meter unterhalb des Weges liegt die Ruine der römischen Landvilla **Stuetheien**.

Die Reste dieses römischen Landhauses wurden 1928 ausgegraben. Die Funde aus dem 1. bis 3. Jahrhundert liegen im Historischen Museum Frauenfeld.

Ein neu angelegter Weg führt hinauf zum **Schloss Steinegg**.

Das seit 1911 als Kurhotel geführte Schloss entstand aus der Burg Steinegg, die im 13. Jahrhundert von den Rittern von Steinegg erbaut wurde, anfangs 16. Jahrhundert aber ausbrannte. Von 1583 an war Steinegg Sitz des Zürcher Obervogtes. Ein einschneidender Umbau erfolgte 1887.

Durch den ausgedehnten Wald wird über eine alte, damals sicher unbewaldete Hochwacht der Abstieg an den Untersee begonnen. Oberhalb von Eschenz bietet sich erstmals der Blick auf den See und auf Stein am Rhein dar. In Unter-Eschenz trifft man auf die Seeroute, die an der Insel Werd (Seite 37) vorbei nach **Stein am Rhein** (Seite 37) führt. Ein Besuch des Städtchens auf der Nordseite des Rheins lohnt sich.
Für die Rückfahrt nach Frauenfeld wird am besten das Postauto benützt.

Karten:	1 : 50 000	Thurgauer Wanderkarte
	1 : 25 000	Blatt 1032 Diessenhofen
		Blatt 1052 Andelfingen
		Blatt 1053 Frauenfeld

38. Über den 3 Seen

Höhenwanderung nördlich des Seebachtales. Riegelhäuser, ein altes Kloster, ein Schloss und verschiedene Rebberge. Schöne Ausblicke auf die Seen und ins Stammertal.

Herdern – Stammheim

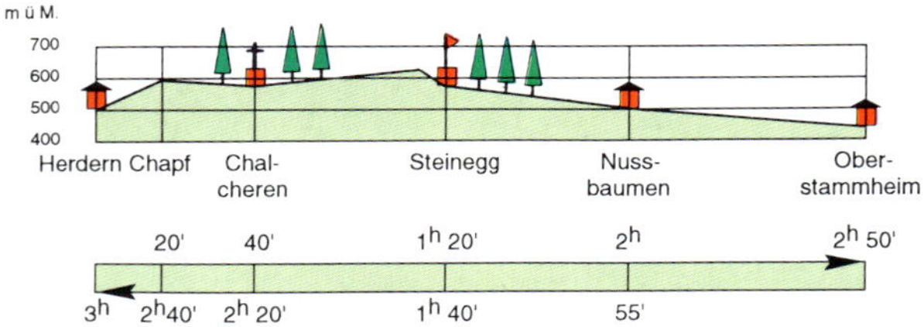

Das Postauto von Frauenfeld oder Stein am Rhein bringt den Wanderer an den Ausgangspunkt **Herdern** (Seite 102), wo es sich lohnt, von aussen das frisch renovierte Schloss anzusehen. Die Wanderung beginnt gleich mit dem einzigen Aufstieg der ganzen Route, nämlich zum Chapf. Während einer Verschnaufpause kann man die schöne Aussicht geniessen. Dieser Hügel hat im Kanton eine einmalige Bedeutung, denn um die letzte Jahrhundertwende soll hier Braunkohle abgebaut worden sein! Den weiten Blick gegen Süden hat man auch im Weitergehen nach **Chalcheren** oder Kalchrain.

Das ehemalige Zisterzienserinnenkloster wurde nach der Aufhebung 1848 zur Arbeitserziehungsanstalt und dient heute noch diesem Zweck. Es ist daher nicht öffentlich zugänglich.
Das Kloster wurde gestiftet von den Herren von Hohenklingen. Es wurde mehrmals zerstört durch Brände und ein Erdbeben. Ein erster Wiederaufbau nach einem Brand erfolgte 1330, doch 1421 und 1529 brannte es erneut ab. 1703–1723 erfolgte nach Plänen von J. Mosbrugger der Bau der heutigen Anlage, die unterdessen mehrmals umgebaut und mit neuen Gebäuden ergänzt wurde. Trotzdem sind im Innern schöne Decken, Gewölbe und Öfen erhalten geblieben.
Zur Anstalt gehört ein grosser Landwirtschaftsbetrieb.

Nach einem kurzen Stück entlang der Hauptstrasse kann beim Försterhaus der Waldweg benützt werden, der erst kurz vor Steinegg nochmals ein wenig ansteigt. Kurz nach dem Kurhotel **Schloss Steinegg** (Seite 107), dessen Landwirtschaftsbetrieb in einen Golfplatz umgewandelt werden soll, verlässt man die Strasse, um etwas tiefer im Wald und später auf einer Geländekrete dem Teer ausweichen zu können. Hier ist der Blick frei auf die drei Seen, die dem Tal den Namen gegeben haben. Im zweiten Weltkrieg wurde mit Bachkorrektionen, Torfabbau und Absenkung des Wasserspiegels

Am Nussbaumersee

Kulturland gewonnen. Trotzdem bilden Nussbaumer-, Hasen- und Hüttwilersee zusammen heute ein Naturschutzgebiet, in dem vor einiger Zeit mit Erfolg der Biber wieder angesiedelt wurde.
Im Dorf **Nussbaumen** fallen einige schöne Riegelbauten auf.

Das schlossähnliche Haus Kathrinenberg am Dorfeingang wurde zu Beginn unseres Jahrhunderts von einem Privatmann erbaut und dient heute als Wohnheim für Gebrechliche. Älter sind der Baukomplex Mühle von 1798 und der Riegelbau im Südteil des Dorfes, der 1790 als Gemeinde- und Schulhaus erstellt wurde.
Bedeutendstes Baudenkmal ist die reformierte Kirche. Der romanische Westteil wurde im ersten Drittel des 14. Jahrhunderts mit einer Passionsgeschichte ausgemalt. Verschiedene Um-, An- und Aufbauten veränderten das Aussehen der Kirche stark.
Von wirtschaftlicher Bedeutung für das Dorf ist auch heute noch der Weinbau.

Ausserhalb des Dorfes überschreitet man bald die Kantonsgrenze und gelangt zwischen den Rebbergen hindurch zum zürcherischen **Oberstammheim.** Bei den ersten Häusern kann entweder zur Strasse abgestiegen oder auf kleinem Strässchen zur Galluskapelle mit ihren bedeutenden Wandmalereien aus dem Jahr 1320 weitergegangen werden. Im Dorf finden sich viele schöne Riegelbauten, so das Gasthaus Hirschen von 1684 und das 1717 umgebaute Gemeindehaus aus dem Jahr 1531.
Für die Rückfahrt stehen das Postauto nach Herdern, Frauenfeld oder Diessenhofen und die Bahn nach Winterthur oder Etzwilen zur Verfügung.

Karten:	1 : 50 000	Thurgauer Wanderkarte
	1 : 25 000	Blatt 1052 Andelfingen
		Blatt 1053 Frauenfeld

39. Zum Schloss Klingenberg

Vom Untersee mit beträchtlicher Steigung über den Seerücken, dann mit angenehmem Gefälle zum Schloss Klingenberg und weiter an die Thurtallinie. Schöne Aussicht auf See und Berge.

Steckborn – Müllheim / Wigoltingen

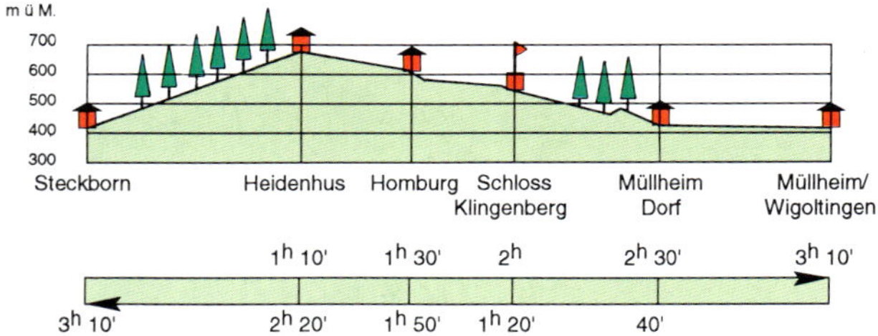

Beim Bahnübergang **Steckborn** (Seite 35) beginnt die Steigung, die praktisch ununterbrochen bis zum Heidenhus anhält. Vor dem Betreten des Waldes lohnt sich noch ein Blick auf die Unterseelandschaft: Gegenüber, auf der Halbinsel Höri, liegt das Künstlerdorf Gaienhofen, in dem Hermann Hesse, Otto Dix und andere im zweiten Weltkrieg Zuflucht gefunden haben. Ein kurzes Stück weit muss man der Strasse folgen, die im Winter jeweils als Schlittelbahn benützt wird. Beim Restaurant Heidenhus ist der höchste Punkt der Wanderung, fast 700 m ü. M., erreicht. Nach dem Überschreiten des Plateaus hat man von einer Geländekante einen herrlichen Blick auf Homburg und über das Thurtal bis zum Alpstein. Auch zwischen Euggerschwil und Homburg hat man das schöne Panorama stets vor sich. Die Kirche Homburg liegt so exponiert, dass man sie fast vom ganzen Thurtal aus sehen kann. Entsprechend ist die Aussicht von dort!

Die Kirche von 1754 steht auf den Grundmauern der früheren Burg und wurde nach einem Brand im Jahr 1784 klassizistisch umgestaltet.

Über eine weite Hochebene, die im Osten von einem tiefen Tobel durchbrochen ist, führt der Weg über die nächste Geländekante zum **Wasserschloss Klingenberg.**

Die Stammburg der Herren von Klingenberg befand sich oberhalb des heutigen Schlosses. Die Klingenberger waren ein bekanntes, mit dem Bistum Konstanz und später mit Habsburg verbundenes Ministerialengeschlecht. Einer von ihnen war selbst Bischof von Konstanz und wahrscheinlich der Herausgeber der berühmten Manessischen Handschrift, sein Bruder stiftete das Kloster Kalchrain. Ab 1360 wechselten die Besitzer der Burg oft. Die Anlage wurde insgesamt dreimal zerstört, aber jedesmal an gleicher Stelle wieder aufgebaut.

Das untere, heutige Schloss geht auf Bauteile von 1446 zurück. Nach einem Brand wurde es 1733–1772 neu aufgebaut und eine neue Schlosskapelle angefügt. 1651 kamen Schloss und Herrschaft Klingenberg ans aargauische Kloster Muri, das hier zwei Patres als Statthalter und als Pfarrer von Homburg stationierte. Bei der Klosteraufhebung im Jahr 1841 verkaufte die aargauische Regierung Klingenberg an einen Privaten, der 1849 die obere, turmartige Burg abbrechen liess.
Heute ist das Schloss als Restaurant geführt, und in den Nebenräumen betreiben die Thurgauer Schreiner ein Ausbildungszentrum.

Schloss Klingenberg

Von hier verläuft der Weg genau nach Süden. Nach einer kurzen, sanften Steigung auf den Hügelzug «Egg» geht es aber, teilweise durch alte Hohlwege, recht steil abwärts und über terrassenförmige Geländestufen nach **Müllheim.** Der letzte Abhang war früher, wie die Flurnamen noch bezeugen, mit Reben bewachsen.

Das Dorf ist 1254 erstmals als Mulhain, also Heim mit Mühle, erwähnt. Im alten Zürichkrieg wurde es 1445 von den eidgenössischen Truppen niedergebrannt, und um 1550 erlitt es nochmals einen Dorfbrand. Aus dem 17. und 18. Jahrhundert sind einige schöne Riegelhäuser erhalten, die dem Dorf das Gepräge geben. Die Kirche, erstmals 1275 erwähnt, wurde 1473–89 umgebaut oder neu errichtet und später mehrmals renoviert und verändert. Auf dem Hügelzug östlich des Dorfes wurde 1966–68 eine neue katholische Kirche erbaut.

Unter der Autobahn durch wird in einem kleinen Bogen auf Flurwegen die Station Müllheim/Wigoltingen erreicht.

Karten:	1 : 50 000	Thurgauer Wanderkarte
	1 : 25 000	Blatt 1033 Steckborn
		Blatt 1053 Frauenfeld

Alte Pilgerherberge Anwil

Hinterthurgau

40. Grenzwanderung aufs Hörnli

Ausgedehnte Wanderung entlang der Zürcher Grenze aufs Hörnli. Mit dem Abstieg nach Fischingen eine lohnende, aber strenge Tagestour ins Tannzapfenland. Schöne Aussicht vom Hörnli ins Tösstal und zu den Alpen.

Aadorf – Hörnli

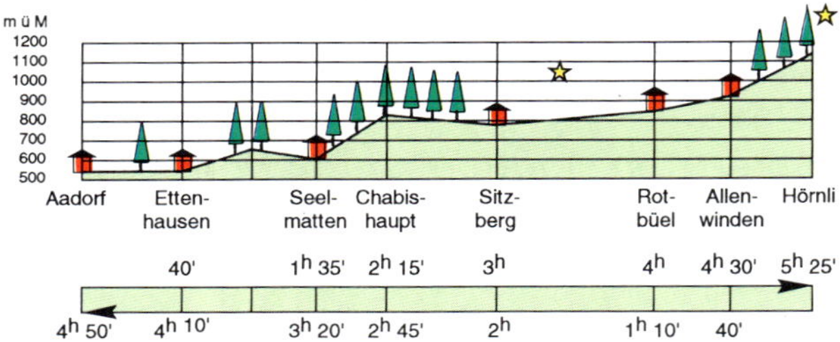

Von **Aadorf** (Seite 123) erfolgt beim Aufstieg nach Haggenberg bereits der erste Abstecher auf Zürcher Gebiet, und im Verlauf der weiteren Wanderung pendelt die Route öfter über die Kantonsgrenze. Das erste Dorf ist **Ettenhausen.**

Von ferne erkennt man das ehemalige **Frauenkloster Tänikon,** das 1247 von den Herren von Bichelsee gestiftet wurde. Nach der Klosteraufhebung im Jahr 1848 kamen die klassizistische Kirche und die Klostergebäude aus dem 17. Jahrhundert in Besitz der Familie von Planta. Diese baute die Anlage zu einem Mustergut aus. Seit 1969 betreibt der Bund hier eine landwirtschaftliche Forschungsanstalt für Viehzucht und Landmaschinen.

Auf Feldstrassen wird der Ausläufer des Haselberges beim «Rüetschberg» überquert. Für thurgauische Verhältnisse ist dies beinahe eine Passstrasse, zu der auch ein Hospiz gehört! Der Bichelsee, der im Sommer als Badesee benützt werden kann, wird westlich umgangen. Im zürcherischen Dorf Seelmatten wird die Hauptstrasse vom Hinterthurgau ins Tösstal überquert, dann folgt der erste grosse und recht steile Aufstieg von rund 200 Höhenmetern nach Chabishaupt. In stetem Auf und Ab folgt der Weg, immer im Wald, dem breiten Grat über Wolfsgrueb nach Bärlischwand und **Sitzberg.**

Die reformierte Kirche, zur Gemeinde Turbenthal gehörend, wurde in den Jahren 1837 und 1838 erbaut. Sie ist berühmt wegen der aus Württemberg stammenden bemalten Barockorgel von 1743. Diese kam 1897 von Stein am Rhein nach Sitzberg.

Von Chrinnenbühl folgt der Weg dem Natursträsschen über die Sädelegg, einem Picknickplatz mit schöner Aussicht, nach Dingetswil. Die «Thurgauer Hochschule», also das höchstgelegene Schulhaus des Kantons, ist eine

Am Bichelsee

der wenigen Gesamtschulen, in denen noch 6 Klassen vom gleichen Lehrer unterrichtet werden. Von Rotbüel bis Allenwinden verläuft der Wanderweg unmittelbar neben der Autostrasse. Der ganze Abschnitt von Sitzberg bis zum Restaurant in **Allenwinden** folgt dem Geländerücken, der die Flussgebiete von Murg und Töss trennt und immer wieder den Blick in beide Täler und in die Ferne freigibt.
Bei Chaltenbrunnen beginnt der Schlussanstieg aufs Hörnli, der zum grössten Teil im Wald verläuft. Beim «Dreiländereck» gibt der massive Grenzstein an, dass an diesem Ort die Kantone Thurgau, Zürich und St. Gallen zusammenstossen. Hier verlässt man das Thurgauer Kantonsgebiet, weil das **Hörnli** ganz auf Zürcher Boden liegt. Mit seinen 1133 m Höhe bietet es eine sehr schöne Rundsicht ins Tösstal, ins Toggenburg, zum Alpstein und in die Alpen. Der alte Triangulationspunkt dient auch heute noch der genauen Landesvermessung, während der Sendeturm zum neuen Wahrzeichen des Gipfels geworden ist. Ein Berggasthaus und ein Picknickplatz erlauben es, sich von den Strapazen des Aufstiegs zu erholen.
Für den Abstieg stehen ausser den Routen 42 und 50, welche bis Allenwinden auf dem selben Weg zurückführen, auch Wege nach Steg im Tösstal (50 Min.) und zur Hulftegg (1 Std.) zur Verfügung.

Karten:	1 : 50 000	Thurgauer Wanderkarte
	1 : 25 000	Blatt 1073 Wil
		Blatt 1093 Hörnli

41. Über den Tanneggergrat

Eine Gratwanderung durch bewaldetes Gebiet vom Kneippkurort auf die Höhe von Sitzberg. Geheimnisvolle Geschichte von Tannegg. Kombinationsmöglichkeiten mit Hörnliroute Nummer 40.

Dussnang – Sitzberg

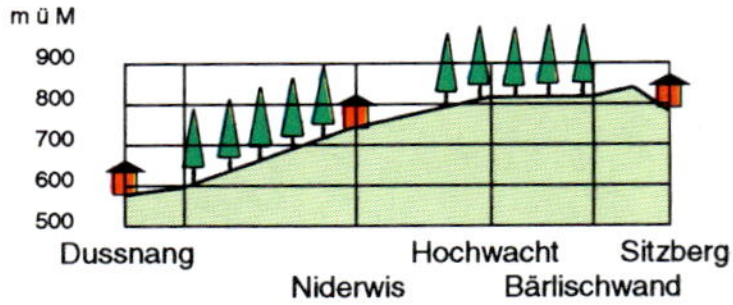

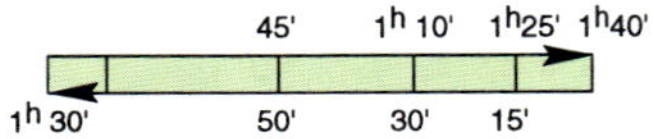

Ausgangspunkt ist der Kneippkurort **Dussnang,** der von Wila im Tösstal und von Wil oder Sirnach mit dem Postauto erreichbar ist.

Die reformierte Kirche besitzt einen spätromanischen Chorturm aus dem 12. bis 13. Jahrhundert. Auch der östliche Teil des Schiffes stammt aus dieser Zeit. Mehrere Umbauten haben die Kirche später verändert und erweitert. Die Apostelfresken im Schiff sind im 16. Jahrhundert entstanden.
Die katholische Kirche ist eine der frühesten Betonbauten der Schweiz, entstanden im Jahr 1900 in neugotischem Stil.

Von der Post Dussnang führt ein Fussweg dem Waldrand entlang nach dem Dorfteil Tannegg, der seinen Namen vom einst auf der Höhe des Grates gelegenen Städtchen erhalten hat. Nach einem recht steilen Aufstieg steht auf einem Plateau eine Tafel mit dem Hinweis auf die ehemalige Kleinstadt **Tannegg.**

Das Städtchen, oft auch nur als «Vorburg» bezeichnet, war bis zur Reformationszeit Mittelpunkt des «Tannegger Amtes» und gehörte dem Bischof von Konstanz. Es wurde ebenso wie die Burg im Jahr 1407 von den Appenzellern zerstört. Während die Burg wieder neu erstand, wurde das Städtchen wegen der unbequemen Lage auf dem Grat aufgegeben.

Einige hundert Meter weiter, schon auf dem eigentlichen Grat gelegen, stösst man auf die Überreste der Burg Tannegg.

Die Herren von Tannegg gehörten dem niederen Adel an und verfügten über die Gerichtsbarkeit im Tannegger Amt, welches von Sirnach bis ins untere Toggenburg reichte. Nach dem Wiederaufbau wechselte die Burg aber den Besitzer und gehörte zeitweise den Herren von Landenberg aus dem Tösstal. Im Jahr 1600 stand nur noch der Turm, und um 1830 wurden aus seinen Tuffsteinquadern drei Murgbrücken erbaut.

Sitzberg

Der Weg führt weiter über den zeitweise recht schmalen, mit wenig Steigung verlaufenden Grat, der wegen der Bewaldung auch im Sommer einen angenehmen und abwechslungsreichen Aufstieg ermöglicht. Beim Verlassen des Waldes bei Niderwies hat man den grössten Teil der Höhendifferenz hinter sich und wird dafür mit einem schönen Ausblick belohnt. Von der **Hochwacht** besteht die Möglichkeit, nach Bichelsee abzusteigen.

Der Name Hochwacht besagt, dass in früherer Zeit hier ein Meldeposten bestand, von dem mit Hilfe von Feuer- oder Rauchzeichen Meldungen an andere Posten in Sichtweite übermittelt wurden. So war es möglich, in kürzester Zeit bestimmte Zeichen über grosse Strecken weiterzugeben.

Bei Wolfsgrueb vereinigt sich die Route mit jener, welche von Aadorf zum Hörnli führt (Nummer 40) und verläuft mit ihr zusammen über Bärlischwand nach **Sitzberg** (Seite 114).

Von hier aus gibt es verschiedene Möglichkeiten:
- Mit dem Postauto zurück nach Dussnang oder Wila im Tösstal.
- Zurück nach Wolfsgrueb und Abstieg nach Seelmatten und Aadorf (Route 40).
- Mit Route 40 aufs Hörnli
- Auf dem Zürcher Wanderweg nach Wila (2 Std.) oder zur Postautohaltestelle Neubrunn (40 Min.).

Karten:	1 : 50 000	Thurgauer Wanderkarte
	1 : 25 000	Blatt 1073 Wil
		Blatt 1093 Hörnli

42. Abstieg vom Hörnli über die Höll

Vom Hörnli über «Grat» und «Höll» zum Kloster Fischingen. Zum Teil recht steile, aber gut ausgebaute Wege. Über den höchsten Punkt des Kantons Thurgau.

Hörnli – Grat – Fischingen

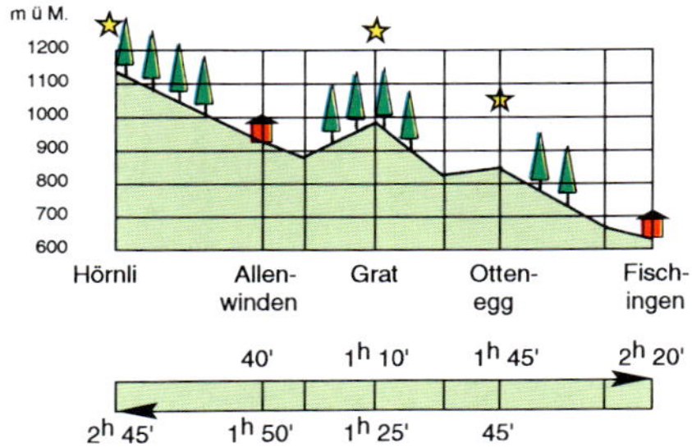

Alle Routen vom Hörnli in den Thurgau zurück führen über Allenwinden.

Am Wegrand steht der «Dreiländerstein», Grenzpunkt der Kantone Zürich, St. Gallen und Thurgau. Die auf der Karte angegebene Höhe von 992,2 m bezieht sich nicht auf diesen Stein, sondern auf einen Messpunkt im Kanton Zürich. Den höchsten Punkt des Kantons Thurgau erreicht man erst später.

Neben dem Restaurant Allenwinden verzweigen sich die Wege. Um zum Grat zu gelangen, folgt man dem kleinen Teersträsschen nach Osten. Von Holenstein an steigt ein Naturweg, im letzten Teil ziemlich steil, über St. Gallergebiet an zum Hohgrat.

Der Messpunkt mit 995,6 m Höhe liegt im Kanton St. Gallen. Die Kantonsgrenze führt weiter unten durch, weshalb der Aussichtspunkt mit 991,3 m der höchste Punkt des Kantons Thurgau ist.

Auf dem recht steilen Pfad steigt man ab und erreicht kurz nach dem Verlassen des Waldes den einsamen Hof «Höll». In dieser Abgeschiedenheit konnte in früheren Zeiten das Leben schon zur Hölle werden! Auf dem kleinen Fahrsträsschen erreicht man die Ottenegg.

Der Hof wurde bereits im Jahr 1300 genannt. Ab 1636 war er im Besitz des Klosters Fischingen, und seit 1899 ist er eine Staatsdomäne des Kantons Thurgau.

Es lohnt sich, den Abstieg nicht auf dem Fahrsträsschen fortzusetzen, sondern dem markierten Wanderweg zu folgen und den Aussichtspunkt mit dem Marienstandbild zu besuchen. Man hat dort einen herrlichen Blick sowohl Richtung Murgtal als auch zum Hörnli. Bei Neuschür trifft man auf die Route 50, die kürzeste Verbindung Hörnli-Fischingen und gleichzeitig Teil des «Schwabenweges». Auf einem Strässchen gelangt man zum Kloster **Fischingen,** wo für die Heimfahrt das Postauto benützt werden kann.

Ottenegg

Das **Kloster Fischingen**

ist 1133–38 als Benediktinerkloster durch Bischof Ulrich II. von Konstanz gegründet worden. Ursprünglich war es ein Doppelkloster für Mönche und Nonnen, doch nach der Zerstörung durch die Zürcher im Jahr 1410 wurde das Frauenhaus nicht wieder aufgebaut. In der Reformation nahmen die Mönche den neuen Glauben an. Die alten Orte zwangen sie, das Kloster zu verlassen und ersetzten sie durch Mönche aus der Innerschweiz.

Der Turm der jetzigen Klosteranlage wurde 1587 errichtet und 1727 und 1751 erhöht. Die einzigartige **Barockkirche** stammt aus den Jahren 1685–87. Im Jahr 1753 wurde sie im Zusammenhang mit dem **Klosterneubau** nach Osten verlängert.

Eine Seitenkapelle ist Idda von Toggenburg gewidmet. Nach der Sage war sie wegen eines ungerechtfertigten Verdachtes von ihrem Mann aus dem Fenster der Burg geworfen worden und hatte diesen Sturz überlebt. Sie bewohnte in der Gegend von Fischingen eine Klause und wurde nach ihrem Tod in Fischingen bestattet. Die 1704–08 erbaute Iddakapelle entwickelte sich bald zu einem Wallfahrtsort.

Nach der Klosteraufhebung im Jahr 1848 richtete man in den Gebäuden eine Weberei ein. 30 Jahre später wurde die Klosterkirche zur Pfarrkirche, und aus den Fabrikräumen entstand die Waisenanstalt St. Iddazell. Im 20. Jahrhundert wurde die Anstalt zu einer Sonderschule, welche 1976 neue Gebäude im Chilberg bezog. Seit 1977 ist das Benediktinerkloster wiederhergestellt. Ein Teil der Räume dient als gutbesuchtes Bildungszentrum.

Karten:	1 : 50 000	Thurgauer Wanderkarte
	1 : 25 000	Blatt 1093 Hörnli

43. Auf dem Murgweg

Beschauliche, leichte Wanderung entlang der Murg. Anschauliche Beispiele für die Nutzung der Wasserkraft und die Verbauung von Fliessgewässern. Neunmal über die Murg!

Münchwilen – Frauenfeld

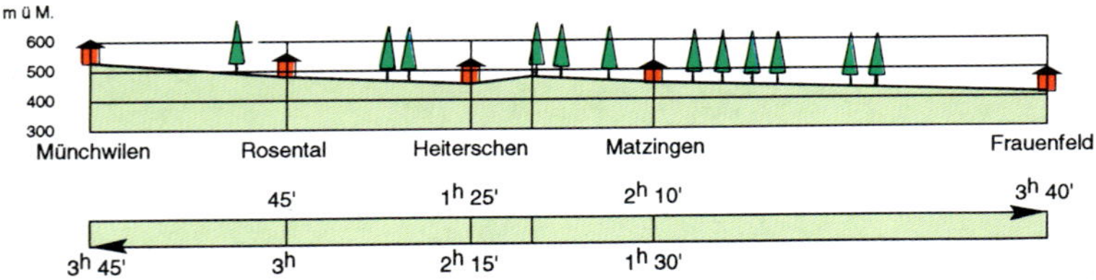

Die Wanderung am Murgufer kann auch schon in Wiezikon auf der Schwabenwegroute 49 begonnen werden.
Von **Münchwilen** (Seite 87), das mit der Frauenfeld-Wil-Bahn problemlos erreicht werden kann, verläuft der Weg der Murg entlang gemeinsam mit dem Schwabenweg. Bei der Brücke zwischen Meziken und St. Margarethen trennen sich die beiden Routen, und der Murgweg bleibt am linken Ufer. Kurz vor Rosental, wo erstmals die Murg überschritten wird, verläuft der Weg zwischen dem Fluss und einem langgestreckten Weiher. Auf schmalem Pfad geht es weiter zum nächsten künstlich angelegten Becken, das ebenfalls der Ausnützung der Wasserkraft dient. Wieder wird die Flusseite gewechselt, diesmal über die Brücke der Staatsstrasse. Durch den Wald am Uferhang erreicht man **Wängi**.

Obwohl Funde die Existenz von Siedlungen schon zur Römerzeit belegen, wird Wängi erst im Jahr 825 urkundlich erwähnt. Links der Murg stand im heutigen Dorf die Burg Rengerswil, welche den Herren von Toggenburg gehörte. 1226 kam es hier zum bekannten Brudermord, der die Zerstörung der Burg zur Folge hatte. 1403 wurde das Dorf durch die Appenzeller niedergebrannt, und 41 Jahre später wurde es im Alten Zürichkrieg ausgeplündert. Anfangs des 19. Jahrhunderts brachte eine Textilfabrik (zuerst Weberei, später Spinnerei) einen markanten Aufschwung für den Ort. Nach einem Brand im Jahr 1911 wurde der Betrieb wieder zu einer Weberei.
Nach der Melioration der Murgebene konnte 1840 die Strasse Frauenfeld – Wil durch das Dorf Wängi verlegt werden. Bis dahin hatte sie über die Anhöhen östlich des Dorfes geführt.

Von Heiterschen bis zum Autobahnzubringer ist ein Umweg über den «Räckholderenbüel» in Kauf zu nehmen.
Der Weg bleibt vorerst auf der Westseite der Murg und führt am nächsten Wehr vorbei nach **Matzingen**.

Am Königswuhr

Funde aus der Bronce- und Alemannenzeit belegen, dass der Ort schon sehr früh besiedelt war. Die Kirche stammt aus dem 16. Jahrhundert. Von 1824 bis 1831 hat hier Thomas Bornhauser gepredigt, der 1830 in Weinfelden die Thurgauer dazu aufrief, eine neue Verfassung auszuarbeiten.

Vorbei an zwei ehemaligen Ziegeleiweihern und der neuen Tennisanlage gelangt man zum nächsten, recht schmalen Murgsteg, über den man zur Weberei Matzingen auf die Ostseite wechselt. Zwischen dem geradegezogenen und mit vielen Schwellen gezähmten Fluss und einem Kanal verläuft der Weg durch den Auwald. Von Murkart bis zur Aumühle ändert sich das Bild der Murg kaum. Auf der Westseite des Flüsschens liegt der Picknick- und Kinderspielplatz «Im Schindgarten». Nach zwei weiteren Brücken erreicht man gegenüber der Firma SIGG, welche Aluminium verarbeitet, das Stauwehr mit dem schönen Namen «Königswuhr». Ein letztes Mal wird hier Wasser in einen Fabrikkanal abgeleitet. Zwischen den Sandsteinfelsen liegt auf einem Halbinselchen ein weiterer Picknickplatz. Trotz der Verbauungen lebt hier noch die Wasseramsel, ein seltener Vogel, der am weissen Kehlfleck leicht erkennbar ist und sich auch unter Wasser fortbewegen kann. Beim Schwimmbad überquert man den «Badisteg» und erreicht die Stadt **Frauenfeld** (Seite 106). Die Wegweiser leiten entweder zum Bahnhof Frauenfeld Marktplatz, wo die Frauenfeld-Wil-Bahn zum Ausgangspunkt zurück führt, oder an Schloss und Post vorbei zum Bahnhof SBB.

Karten:	1 : 50 000	Thurgauer Wanderkarte
	1 : 25 000	Blatt 1053 Frauenfeld
		Blatt 1073 Wil

44. Von Wil zur Lützelmurg

Halbtageswanderung mit zwei verschiedenen Abschnitten: Im flachen Gelände der Bahnlinie entlang bis nach Eschlikon, dann über waldige Anhöhen von Eschlikon nach Aadorf.

Wil – Aadorf

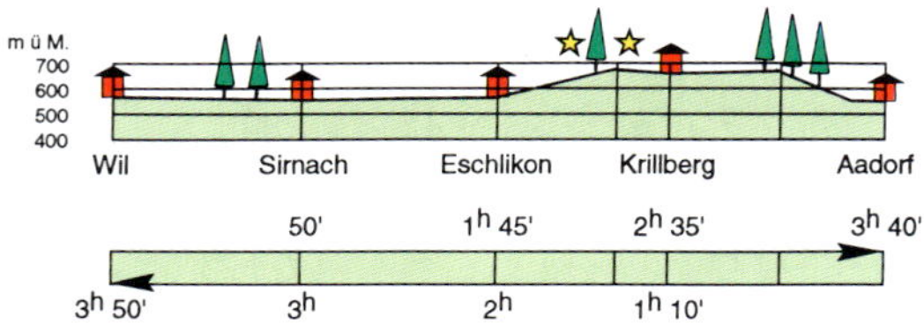

Von der Südseite des Bahnhofs **Wil** (Seite 88) muss bis nach der Autobahnbrücke der Hauptstrasse gefolgt werden. Dann zweigt ein Weg ab in den Wald. Dem Nordfuss des Sirnachberges entlang erreicht man den Bahnhof **Sirnach.** Wer lieber den sonnigeren Weg wählt, kann beim Wegweiser an der Glotenerstrasse den oberen Weg mit Ziel Hörnli nehmen. Am Nordfuss des Roosets verlässt man die Hörnliroute wieder und steigt auf markiertem Weg durch das kleine Tobel zur Bahnlinie ab. Das Dorf Sirnach wird so umgangen.

Sirnach war ursprünglich Teil des Tannegger Amtes und kam später an das Kloster Fischingen, dem es bis 1798 gehörte. Schöne Riegelhäuser sind die zur Weberei gehörende Mühle von 1794, das alte Pfarrhaus von 1734 und das Gasthaus Engel von 1816.

Nach der Bahnunterführung fallen die schön renovierte Mühle und das grosse Gebäude der ehemaligen Weberei Sirnach auf. Die Fabrik entstand 1859. Das Wasser der Murg trieb Webstühle aus England an. 1979 musste der Betrieb stillgelegt werden.
An der Murg trifft man auf den Schwabenweg, den man jedoch nach wenigen Metern wieder verlässt. Auf der Südseite der Bahnlinie geht es weiter zum ehemaligen Ziegeleiweiher und zur Unterführung beim Bahnhof **Eschlikon.** Man verlässt das Dorf in nördlicher Richtung.

Eschlikon kam zu einiger Bedeutung, als im 14. Jahrhundert das thurgauische Landgericht einige Male hier unter einer Linde tagte. Bis 1786 führte die Strasse Winterthur–St. Gallen durch das Dorf, weshalb 1773 der stattliche Gasthof zum Löwen erbaut wurde. Ausserdem gibt es eine Reihe schöner Riegelbauten. Die Ziegelei musste ihren Betrieb einstellen, da sich der Eisenbahndamm zwischen den Lehmgruben gesenkt hatte.

Oberhalb Krillberg

Die auffallend grosse Ebene, welche vom Soorbach in die Lützelmurg entwässert wird, war in der Eiszeit durch einen Gletscher gebildet worden, der auch die heute genutzten Kiesvorräte bei Aadorf zurückgelassen hat. Vom Rand der Ebene steigt der Weg an auf die Höhe des Tuttwiler Berges. Vor dem letzten Anstieg lohnt es sich, vom Waldrand einen Blick nach Süden zu werfen. Die Ebene mit dem Dorf Eschlikon, dahinter der Säntis und das Hügelland des Hinterthurgaus bilden bei klarem Wetter ein schönes Panorama. Oben auf dem Plateau ist dieser Blick durch Bäume verwehrt, dafür eröffnet sich nach wenigen hundert Metern die Aussicht ins Murgtal und zum Schloss Sonnenberg. Über **Krillberg,** das den Charakter eines Bauerndorfes erhalten konnte, gelangt man gegen Westen wieder an den Rand des Hochplateaus. Auf recht steilem Waldweg steigt man nun endgültig hinunter in die Ebene der Lützelmurg. Durch fruchtbares Weide- und Ackerland erreicht man **Aadorf.**

Das Gebiet war schon sehr früh besiedelt. Es ist anzunehmen, dass wegen des Kiesgrundes das Tal nicht so sumpfig war wie andere Flusstäler und sich deshalb als Wohngebiet eignete. Funde aus der Broncezeit und ein frühmittelalterliches Gräberfeld bestätigen dies. Vom Beginn des 10. Jahrhunderts bis 1798 war Aadorf in Klosterbesitz, zuerst von St. Gallen, dann von Tänikon.
In der Nähe der katholischen Kirche finden sich einige schöne Riegelbauten, die dem alten Dorfteil das Gepräge geben.
Wirtschaftlich profitiert das Dorf von der guten Verkehrslage an der Bahnlinie und in der Nähe der Autobahn. Zahlreiche ältere und neuere Industrien nutzen diese Vorteile. Im Norden werden die grossen Kiesvorkommen ausgebeutet.

Karten:	1 : 50 000	Thurgauer Wanderkarte
	1 : 25 000	Blatt 1073 Wil

45. Zum Schloss Sonnenberg

Auf schönen Wanderwegen östlich der Murg von Wil nach Frauenfeld. Das Schloss Sonnenberg als Höhepunkt. Wenig Wald, daher besonders für Frühling und Herbst geeignet.

Wil – Frauenfeld

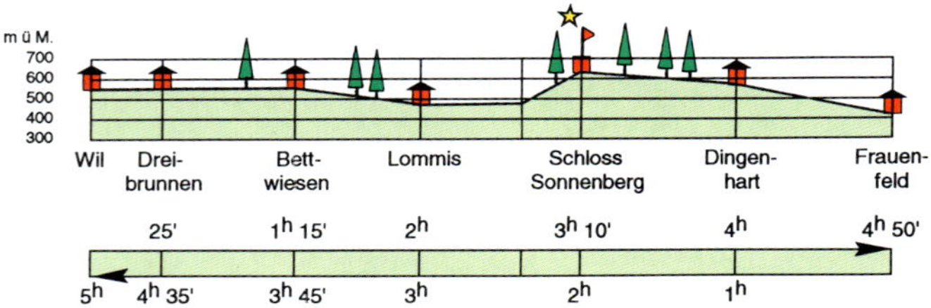

Der Weg führt vom Bahnhof **Wil** (Seite 88) nach Westen. Wer vor dem Beginn der Wanderung Zeit hat, kann der Wiler Altstadt einen Besuch abstatten. Die Besichtigung des Hofes mit seinen alten Häusern und der Kirche lohnt sich. Kurz nach der Unterführung der Mittel-Thurgau-Bahn, wo Strasse und Stadtgebiet verlassen werden, erreicht man das immer noch auf St. Galler Gebiet gelegene **Dreibrunnen** mit Kirche und altem Gasthaus.

Die Marienwallfahrtskirche, die schon 1280 erwähnt, aber 1672 neu gebaut wurde, ist ein in schöner Umgebung gelegener Barockbau. Die Ausmalung erfolgte 1761 und zeigt an der Decke die Türkenschlachten von Lepanto und Wien.

Kurz nach dem Dörfchen Trungen betritt man Thurgauer Boden und gelangt nach **Bettwiesen** (Seite 94). Natürlich kann die Wanderung auch erst hier begonnen oder auf der Route 31 durch das Murgtal fortgesetzt werden. Beim Sportplatz der Gemeinde Bettwiesen trifft man auf den Schwabenweg, dem man bis Kaabrüggli folgt. Kurz vor **Lommis** kommt man zum Schlossweiher, der seinen Namen aus früherer Zeit behalten hat, obwohl das Schloss nicht mehr steht. Bei Schiessbetrieb ist der markierte Weg dem Kaabach entlang gesperrt. Die Umleitung erfolgt auf der Strasse ins Dorf.

Lommis war bis zur Aufhebung der Klöster im Besitz des Klosters Fischingen. Seit dem zweiten Weltkrieg ist es nicht mehr vorwiegend Bauerndorf.
Das Schloss Lommis, zwischen Strasse und Kaabach gelegen, wurde 1853 abgebrochen. Die Steine des Bergfrieds, der aus dem 13. Jahrhundert stammte, sollen beim Bau des Pfarrhaues wieder verwendet worden sein.
Die markante katholische Kirche St. Jakob wurde bereits im Jahr 1214 erstmals erwähnt. 1504 wurde sie durch ein Seitenschiff und den Chor erweitert. Der Turm entstand 1495 und erhielt 1876 den auffallenden Treppengiebel.

Nördlich des Dorfes, wieder am Kaabach, verzweigt sich der Weg: Nach Osten führt eine Route von Matzingen durch das 1918 meliorierte Gebiet an der korrigierten Lauche zum Flugplatz und weiter nach Affeltrangen. Um zum Schloss Sonnenberg zu gelangen, wendet man sich nach Westen. Südlich von Weingarten, dessen Name auf den früheren Rebbau hinweist, gelangt man an die Lauche und später zum kleinen, am Südfuss des Imenberges gelegenen Dorf **Kalthäusern.** Im einstigen Weinbauerndorf steht an der alten Dorfstrasse das schön geriegelte Sternenhaus von 1770. Kurz nach dem Dorf beginnt der kurze, aber steile Aufstieg auf den Imenberg und zum **Schloss Sonnenberg** (Seite 83). Hier wird man sich die prächtige Aussicht von der Gartenwirtschaft auf der Schlossterrasse nicht entgehen lassen.

Schloss Sonnenberg

Nördlich des Schlosses steigt man auf einem schönen Waldweg ab gegen Chöll und zum Tuenbach, der das Tal zwischen Wellen- und Imenberg entwässert. Nach der Brücke ist ein letzter kurzer Aufstieg gegen Dingenhart zu bewältigen. Wer noch mehr leisten will, kann die 15 Minuten Aufstieg von Dingenhart bis zum **Stälibuck** (Seite 80) auf sich nehmen. Die gute Fernsicht vom Aussichtsturm lohnt die Mühe.
Der Abstieg von Dingenhart führt zum Bahnhof **Frauenfeld** Marktplatz und an Rathaus, Altstadt und Schloss (Seite 106) vorbei zum Bahnhof SBB.

Karten:	1 : 50 000	Thurgauer Wanderkarte
	1 : 25 000	Blatt 1053 Frauenfeld
		Blatt 1073 Wil

46. Von Wil aufs Hörnli

Ausgedehnte, aber schöne Route, zusammen mit dem Abstieg eine anstrengende Tagestour. Von der Eiszeit geprägte Landschaft bis Fischingen, dann viel Wald bis aufs Hörnli.

Wil – Hörnli

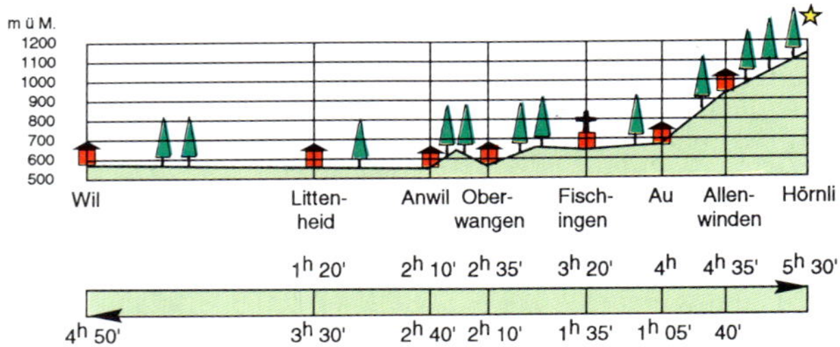

Da der Abstieg vom Hörnli nicht am Ausgangsort endet, wird am besten der Zug bis nach **Wil** (Seite 88) benützt. Von der Südseite des Bahnhofs der st. gallischen Äbtestadt weist die Wegmarkierung zuerst nach **Wilen** bei Wil. Die Unterführung der Autobahn ist zugleich Kantonsgrenze. Die Stadt Wil ist ja auf drei Seiten von Thurgauer Gebiet umgeben.

Das Dorf Wilen hatte bis etwa 1950 den Charakter eines Bauerndorfes, doch setzte dann wegen der Nähe zu Wil ein starkes Wachstum ein.

Am Südrand des Dorfes, das mehrere neue Quartiere umfasst, kann auf Nebenwegen den Teerstrassen ausgewichen werden. Am Fuss des Hummelberges führt der Weg zuerst etwas erhöht dem Waldrand entlang und wechselt beim Weiler Ägelsee auf die andere Talseite. Hier wird erstmals der eigenartige Talboden augenfällig, der sich in schönen Windungen von Wil bis Anwil erstreckt. Der Rheingletscher hat in der Eiszeit dieses Tal gestaltet. Vom einstigen Ägelsee ist nur ein Sumpfgebiet übriggeblieben, doch weiter westlich sind beim Weierhof noch offene Wasserflächen vorhanden. Die ehemalige Allmend wurde als Streuewiese und Weideland durch die Bewohner der umliegenden Dörfer genutzt, die Weiher sind heute Naturschutzgebiet. In der Mitte des Tales liegen die Klinikgebäude von **Littenheid.**

Seit 1883 wird Littenheid zuerst als «Handelsschule für Schüler aus schwierigen Verhältnissen», dann als Asyl für Behinderte und Alterspensionäre und schliesslich als psychiatrische Privatklinik mit dorfähnlichem Charakter geführt.

Ein kurzer Anstieg führt zum Friedhof, der an erhöhter Lage angelegt wurde. Hier muss in früheren Zeiten die Burg der Herren von Littenheid gestanden haben. Noch zweimal wird das schön gewundene Gletschertal durchquert, bis man in **Anwil** ins Murgtal kommt.

Das alte, schön restaurierte Holzhaus in Anwil war einst Pilgerherberge. Wegen seinen Klebedächer über den Fenstern, die im Sommer eine zu starke Erwärmung der Zimmer verhinderten, erinnert es an Hausformen aus dem Toggenburg.

Kloster Fischingen

Von Anwil folgt der Wanderweg bis in die Hörnligegend dem Schwabenweg (Seite 135). Eine kurze Steigung und der darauffolgende Abstieg umgehen die ehemals sumpfige Niederung von Grueb. Die Kapelle von **Oberwangen** (Seite 135) thront auf einem markanten Hügel über dem Dorf. Nach dem nächsten Aufstieg nimmt der gelb markierte Wanderweg eine andere Route als der Schwabenweg: Er folgt dem steilen Weglein hinunter zum Scheidweg, führt aber auf der anderen Seite der Murg auf einem kleinen Strässchen nach **Fischingen** (Seite 119). Vorbei am Kloster, dessen Kirche zu den schönsten barocken Kunstschätzen des Kantons gehört, folgt man wieder dem Schwabenweg, der nun durch das wilder werdende Tal des Aubaches führt.

In der **Au,** die fast nur aus Kirche (Seite 136), Schulhaus und Restaurant besteht, beginnt der Anstieg zum Hörnli. Im Wald vor Allenwinden teilt sich der Weg nochmals. Zur Auswahl stehen ein schattiger Fussweg auf dem Grat und ein bequemes Strässchen. Vom Gasthaus in Allenwinden bis zum Gipfel des Hörnli (Seite 115) verlaufen die Aufstiege aller Routen aus dem Thurgau gemeinsam.

Karten:	1 : 50 000	Thurgauer Wanderkarte
	1 : 25 000	Blatt 1073 Wil
		Blatt 1093 Hörnli

Kapelle St. Margarethen

Schwabenweg

47. Von der Landesgrenze zur Thur

Erste Etappe des Schwaben- oder Pilgerweges, der die mittelalterlichen Pilger von Konstanz nach Santiago de Compostela in Spanien führte. Über den Ausläufer des Seerückens ins Thurtal.

Kreuzlingen – Märstetten

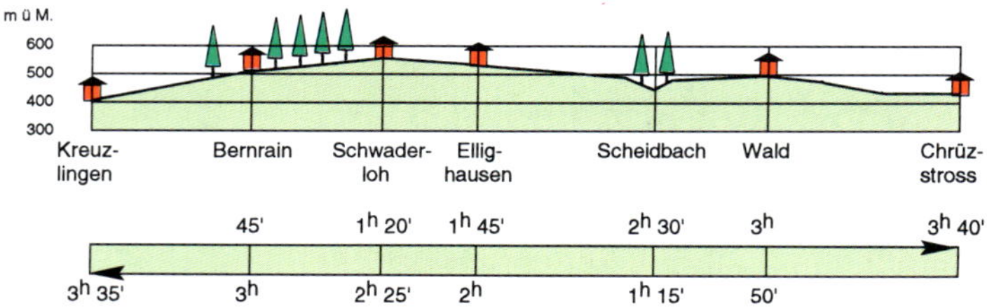

Aus Anlass des 700-Jahr-Jubiläums der Eidgenossenschaft im Jahr 1991 markierte das thurgauische Tiefbauamt den Schwabenweg von Konstanz bis zum Hörnli. Es wurden dafür Wegweiser mit der Jakobsmuschel und blauer Schrift auf weissem Grund geschaffen.

Der Schwabenweg beginnt beim Konstanzer Münster. Da die Wanderung durch die Stadt nicht attraktiv ist, beginnt man jedoch besser am Hauptbahnhof **Kreuzlingen** (Seite 33) oder am Bahnhof Bernrain. Unterhalb des MThB-Viaduktes treffen sich die beiden Wege. Vorbei an der hinteren Mühle, die heute als Pfadiheim dient, führt der Weg ins Saubachtobel. Früher waren es vier Mühlen, die vom gleichen Bach angetrieben wurden. Auf abwechslungsreichem, gut ausgebautem Weg folgt man dem Bach bis zur Kapelle St. Konrad in **Bernrain.**

Der Konstanzer Leinenweber Joh. Kränzlein stiftete 1388 das Kirchlein mit dem gotischen Chor und einem Dachreiter. Das Schiff stammt von 1460 und wurde später umgestaltet. Eine Bildtafel von 1598 im Innern der Kirche erzählt die Gründungslegende, wonach ein Konstanzer Knabe den Christus am Wallfahrtskreuz an der Nase angefasst habe und nicht mehr davon losgekommen sei.

Im sanft ansteigenden Wald sind einige alte Hohlwege zu erkennen, die zeigen, dass der Wegverlauf mehrmals parallel verlegt wurde. Der Gasthof von **Schwaderloh** ist aus einer alten Pilgerherberge entstanden. Über Ellighausen und Lippoldswilen, mit schöner Aussicht auf das Chemmental, erreicht man die Scheidbachbrücke, wo im bewaldeten Tobel der Chemmenbach überschritten wird. Auf einer Anhöhe über dem Bach liegt die Ruine **Schleifenrain.**

Das Geschlecht der Schleifenrain ist im 13. und 14. Jahrhundert nachgewiesen. Die Ruine wurde 1969 ausgegraben und gesichert.

Kirchlein Bernrain

Man überquert nochmals den Bach und steigt auf zum Weiler Entenmoos. In der Nähe stand einst die Altenburg, die nach dem Neubau von Altenklingen aufgegeben wurde, diesem aber noch den Namen abgetreten hat. Über Riet gelangt man nach **Wald,** dem Dorf auf dem Titelbild der Thurgauer Wanderkarte. Das nächste Wegstück führt um den Ausläufer des Ottenberges und bietet eine schöne Sicht auf das Dorf Märstetten und das Thurtal. Ein neues Riegelhaus in Hinter Rueberbomm passt sich sehr gut in die alte Kulturlandschaft ein, und auch der Weiler Rueberbomm ist geprägt von den Riegelhäusern. Ein Wegweiser macht auf die Möglichkeit eines Besuchs der Kirche von **Märstetten** (Seite 91) aufmerksam.
Der Schwabenweg führt aber in der Fallinie weiter durch einen alten Hohlweg, der in die Thurebene ausmündet. Hier findet sich auf der Karte als Flurbezeichnung immer noch der Name «Pilgerweg». Damit wird deutlich gemacht, dass zu jener Zeit in direkter Linie die Fähre von Amlikon erreicht werden konnte. Heute kann man zur Station Märstetten gelangen oder die neue Unterführung östlich des Bahnhofs benützen.
Von Märstetten kann man mit dem Zug zurückfahren oder auf dem Pilgerweg bis nach Tobel weiter wandern.

Karten:	1 : 50 000	Thurgauer Wanderkarte
	1 : 25 000	Blatt 1034 Kreuzlingen
		Blatt 1053 Frauenfeld
		Blatt 1054 Weinfelden

48. Aufstieg ins obere Lauchetal

2. Etappe des Schwabenweges über die Thur zum Hochplateau des oberen Lauchetals. Riegelhäuser, Wegbegleiter des alten Pilgerweges und eine sanfte Hügellandschaft kennzeichnen den Abschnitt.

Märstetten – Tobel

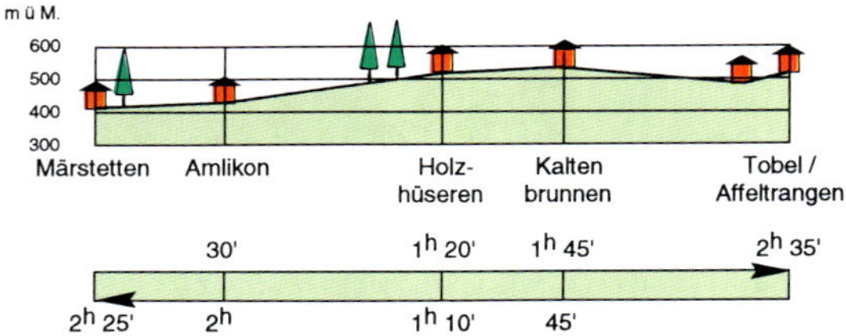

Die zweite Etappe des Schwabenweges beginnt, sofern man mit dem Zug anreist, am Bahnhof **Märstetten** (Seite 91).
Nach 600 Metern in Richtung Weinfelden trifft man auf die blau/weissen Tafeln des Schwabenweges, der von Konstanz und Kreuzlingen kommt. Durch die neue Unterführung im Osten des Industriegebietes geht es auf die Südseite der Bahnlinie. Wer die erste und zweite Etappe zusammenhängt, kann sich den früheren Umweg über Chrüzstross ersparen!
Nach dem Überqueren der neuen Hauptstrasse führt der Weg durch ein kleines Wäldchen. Auf dem neuen Bewirtschaftungsweg neben der Strasse Märstetten – Amlikon gelangt man zur Thur über die neue Brücke nach **Amlikon** (Seite 80).
Die Fortsetzung des Weges von Amlikon bis Affeltrangen ist heute Hauptstrasse, der markierte Wanderweg weicht deshalb über Hünikon und Holzhüseren aus.
Am südlichen Dorfrand von Amlikon steht die alte Mühle, die schon 1911 auf Benzinmotor- und später auf elektrischen Antrieb umgerüstet wurde. Seit mehr als 30 Jahren wird aber hier nicht mehr gemahlen. Am ehemaligen Mühleweiher vorbei gelangt man ins Bauerndorf **Hünikon**. Kurz danach steigt der Weg an durch den Wald und führt um einen Hügel mit der Bezeichnung Burgstock nach **Holzhüseren**. Bei Grabungen in den dreissiger Jahren sind die Grundmauern einer Burg freigelegt worden, die im 13. Jahrhundert den Herren von Hünikon gehört hatte.
In **Maltbach** trifft man wieder auf den früheren Wegverlauf. Hier steht die alte Bauernwirtschaft «zur Biene», ein schönes Riegelhaus aus der zweiten Hälfte des 18. Jahrhunderts mit Biedermeiercharakter. Auf einem neuerstellten Fussweg neben der Hauptstrasse erreicht man die Jakobuskapelle von **Kaltenbrunnen**.

Riegelhaus zum Bollsteg in Affeltrangen

Ein 1662 erstellter Vorgängerbau soll an einem andern Pilgerweg in der Nähe gestanden haben. Die heutige Kapelle datiert von 1781 und wurde mit einem kleinen Dachreiter mit Zwiebeltürmchen versehen. Die Ausstattung aus dem 19. Jahrhundert ist eher bescheiden. Ein Glasgemälde im Chor zeigt den hl. Jakobus.

Wieder abseits des grossen Verkehrs führt ein Strässchen zum einsam gelegenen Schulhaus von Zezikon und hinunter nach **Affeltrangen** (Seite 79). Noch vor der Brücke über die Lauche kommt man am Haus «zum Bollsteg» vorbei, einem schönen Riegelbau mit besonderer Dachform, regelmässiger Anordnung der Fenster und bemalten Läden. Es wurde in der Mitte des 18. Jahrhunderts anstelle einer alten Taverne erstellt. Bauherr war ein Kaufmann, dem die dazugehörige Remise vermutlich als Warenlager diente. Der Name «Bollsteg» deutet darauf hin, dass schon früh eine steinerne Brücke über die Lauche bestanden haben muss.
Das Dorf Affeltrangen wird wie in früherer Zeit, als die vielen bettelnden Pilger für die Dorfbevölkerung eine Belastung waren, vom Schwabenweg westlich umgangen. Um zur Postautohaltestelle zu gelangen, muss man aber der gelben Markierung ins Dorf folgen.
Auch Tobel, das Etappenziel, liegt **nicht** an der Pilgerroute. Wer die Wanderung hier abbrechen will, verlässt bei der ehemaligen Pilgerherberge Chrüzegg den Schwabenweg und folgt den gelben Wegweisern zum Bahnhof Tobel/Affeltrangen. Von dort sind es 10 Minuten ins Dorf **Tobel** (Seite 75) und zur ehemaligen Komturei.

Karten:	1 : 50 000	Thurgauer Wanderkarte
	1 : 25 000	Blatt 1053 Frauenfeld
		Blatt 1073 Wil

49. Zum Kloster Fischingen

3. Etappe des Schwabenweges auf der Hochebene zwischen Lauche und Murg. Im hinteren Thurgau der Murg entlang ins Klosterdorf Fischingen. Alte Pilgerherbergen und historisch wertvolle Kirchen.

Tobel – Fischingen

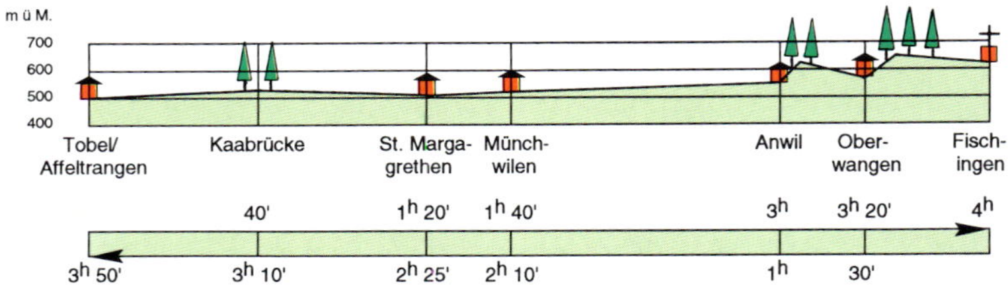

Der Abschnitt beginnt etwas abseits der Pilgerroute am Bahnhof **Tobel/Affeltrangen.** Auf der Hauptstrasse folgt man dem gelben Wegweiser Richtung Dorf Affeltrangen und zweigt ohne Markierung bei der ersten Feldstrasse nach links ab. Bei der ersten Wegbiegung trifft man auf die blauweisse Markierung des Schwabenweges, welche von hier aus demselben Feldsträsschen folgt. Die nächsten Häuser gehören zum Weiler **Flügenegg.**

Das schön renovierte Riegelhaus aus dem 17. Jahrhundert an der Wegkreuzung war früher Pilgerherberge. Die respektable Grösse des Gebäudes deutet darauf hin, dass der Andrang einst beträchtlich war.

Von der Flügenegg bis zum Kaawald ist die historische Route durch das Gebiet der Güterzusammenlegung nicht erhalten. Wegen der Ausbeutung eines Kiesvorkommens wurde der Weg vorübergehend nach Westen verlegt. Nach dem Abschluss der Arbeiten wird es wieder möglich sein, auf ziemlich geradem Weg zum Kaawald zu kommen. Dort wird der Bach überquert. In Richtung Anet sind zahlreiche Hohlwegspuren des früheren Wegverlaufes erhalten. Da diese aber nicht mehr begehbar sind, benützt man eine Variante. In Türn kreuzt man die Hauptstrasse und biegt vor Bettwiesen nach Stocken ab. Über freies Feld kommt man zu den ersten Häusern von **St. Margarethen,** wo ein kleines, 1715 aus einem Rebhäuschen entstandenes Bildstöcklein steht, das kürzlich restauriert wurde.

Die heutige Kapelle und frühere Kirche St. Margaretha wurde 1641 anstelle eines Vorgängerbaus errichtet. Der hintere Teil ist durch ein Holzgitter abgeteilt und war für die Pilger reserviert, wie Inschriften an der Wand bezeugen.

Der alte Pilgerweg ist hier zur Hauptstrasse geworden, weshalb der heutige Schwabenweg dem Murgufer nach **Münchwilen** folgt.

Kapelle St. Martin, Oberwangen

Seit dem Bau der Strasse Winterthur–Aadorf–Münchwilen–Wil im Jahr 1785 lag Münchwilen wegen seiner Holzbrücke über die Murg an der meistbefahrenen Strasse des Kantons. Davon profitierte vor allem die frühere Pilgerherberge «Zum Engel». Seit 1871 ist Münchwilen, anstelle von Tobel, Bezirkshauptort und liess daher 1906 ein Bezirksgebäude in neugotischem Burgenstil errichten.

Der Weg führt weiter der Murg entlang über Hofen bei **Sirnach** (Seite 122), Büfelden und Wiezikon. Nach einem kurzen Strassenstück zweigt er ab nach **Anwil** (Seite 127), wo das sehenswerte Holzhaus ebenfalls eine Pilgerherberge gewesen sein soll. Eine kurze Steigung führt auf eine bewaldete Anhöhe, dann gelangt man nach **Oberwangen.**

Die aus dem 14.–16. Jahrhundert stammende Kapelle St. Martin ersetzte einen älteren, vorromanischen Bau. Laut einer Sage war sie nach einem Brudermord in Oberwangen von den Eltern der beiden Brüder gestiftet worden. Nach einem Brand wurde 1693 der heutige Chor erstellt und durch J. Grubenmann 1727 um den charakteristischen Kuppelbau erweitert. Verschiedene Renovationen veränderten vor allem das Innere. Der Hochaltar stammt von 1693, die Seitenaltäre wurden im 18., Kanzel und Bilder im 19. Jahrhundert hinzugefügt.

Nach einer weiteren Steigung erreicht man beim Verlassen des Waldes das Schulheim «Chilberg», eine 1976 erbaute Sonderschule, von wo der Weg sanft ins Klosterdorf **Fischingen** (Seite 119) hinunter führt.

Karten:	1 : 50 000	Thurgauer Wanderkarte
	1 : 25 000	Blatt 1073 Wil
		Blatt 1093 Hörnli

50. Auf direktem Weg aufs Hörnli

Letzte Etappe des thurgauischen Abschnittes auf dem Schwabenweg. Vom Klosterdorf Fischingen dem Aubach entlang, dann auf kürzestem Weg zum Dreikantonestein und aufs Hörnli.

Fischingen – Hörnli

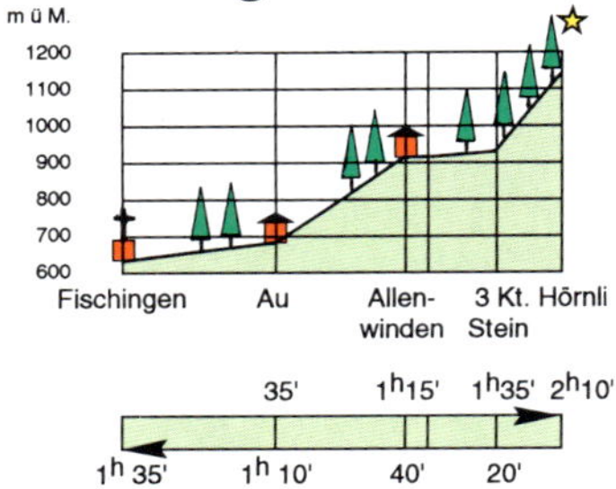

Wenn man nicht von Tobel her auf dem Schwabenweg zu Fuss unterwegs ist, kann der Ausgangspunkt **Fischingen** auch mit dem Postauto ab Wil, Sirnach oder Eschlikon erreicht werden.

Die flächenmässig grösste Gemeinde des Kantons reicht vom Fuss des Hörnli bis auf den Hackenberg und umfasst damit die ganze Südspitze des Kantons. Über 100 Dörfer, Weiler und Einzelhöfe gehören zur Gemeinde, die erst nach der Aufhebung der Klöster selbständig wurde. Das Verwaltungszentrum befindet sich in Dussnang. Das Dorf Fischingen selber erstreckt sich der Strasse entlang und weist auffallend viele Gasthäuser auf, Zeichen dafür, dass Pilger und Zinsleute Unterkunft suchten. Der ausgedehnte Grundbesitz des Klosters brachte es mit sich, dass viele Pächter ins Klosterdorf kamen, um die Zehnten abzuliefern.
Ein Besuch der einzigartigen Barockkirche des Klosters (Seite 119) lohnt sich.

Auf dem Fahrsträsschen, das beim Zusammenfluss von Murg und Aubach nach Süden führt, erreicht man Neuschür. Auf einem Waldweg, der zum Teil neu angelegt wurde, kommt man abseits der Fahrstrasse nach **Au**.

Kirche, Pfarrhaus, Schule und Gasthaus bilden an der Strassenverzweigung nach Rotbüel schon fast das ganze «Dorf». Das Einzugsgebiet von Kirche und Schule aber erstreckt sich hinauf bis zu den Graten, die das fächerförmige Tal umschliessen. Die Kirche St. Anna, erstmals im 13. Jahrhundert erwähnt, wurde 1647 und 1802 umgebaut. Zahlreiche Ausstattungsgegenstände wie Altäre und Stukkaturen stammen aus der Zeit des zweiten Umbaus, doch gibt es auch eine Iddadarstellung von 1716. Der hangseitig angebaute Zwiebelturm ist unten gemauert, in der Mitte in Fachwerk und oben aus Holz erstellt.

An einem Idda-Bildstöcklein am Dorfausgang von Au vorbei kommt man auf einen der kleinen Grate des Talfächers. Hier beginnt der Weg zu steigen. Zuerst über Wiesen, dann im Wald gewinnt man auf dem Fahrsträss-

Wegweiser an der Krummen Brücke in Bischofszell

Bei Chaltenbrunnen

chen rasch an Höhe, wobei streckenweise ein Fussweg zur Verfügung steht. Kurze Erholung bietet ein flacheres Teilstück vom Gasthaus in Allenwinden, einer ehemaligen Pilgerherberge, bis Chaltenbrunnen.
Auf einem angenehm steigenden Kiessträsschen wandert man nach Süden. Vor dem Eintritt in den Wald geniesst man beim Zurückschauen einen weiten Ausblick ins Murgtal und darüber hinaus bis zum Schwarzwald. Am Silberbüel vorbei, der früher zum Thurgau gehört hat und damals der höchste Punkt des Kantons war, kommt man bald zum markanten Grenzstein, der die gemeinsame Ecke der Kantone Zürich, St. Gallen und Thurgau anzeigt. Hier gilt es, sich für die letzten 140 Höhenmeter zu wappnen! Bedächtig wie die alten Pilger oder in sportlichem Tempo kann man den letzten Aufstieg im angenehmen Schatten in Angriff nehmen.
Auf dem **Hörnli,** 1133 m über Meer, sind die Anstrengungen bald vergessen, denn ein herrliches Panorama bietet sich dem Wanderer dar. Der Alpstein, die Churfirsten und die Berge des Zürcher Oberlandes sind an klaren Tagen ebenso schön zu erkennen wie die flachen Gebiete des unteren Toggenburges und des Tösstales.
Der Schwabenweg geht als «Jakobsweg», braun markiert, weiter nach Steg und über Rapperswil nach Einsiedeln. Die alten Pilger aber, die sich Santiago de Compostela in Spanien als Ziel gesetzt hatten, mussten noch eine weite und beschwerliche Reise auf sich nehmen.
Die verschiedenen Möglichkeiten des Abstiegs vom Hörnli sind auf Seite 115 beschrieben.

Karten:	1 : 50 000	Thurgauer Wanderkarte
	1 : 25 000	Wanderkarte Wil und Umgebung Blatt 1093 Hörnli